**Datos de contacto**

Francisco Cobos Serrano

franciscocobosserrano@gmail.com

# Contenido

# INTRODUCCIÓN

## Nota del autor

En mi camino por aprender sobre el sector del juego en España, y tras percatarme de la ausencia de otras obras que abarcaban esta temática, empecé a escribir unos esquemas y unas breves notas acerca de la regulación existente. Conforme fui tirando del hilo, y la materia se iba haciendo más compleja de entender sentí que este material debía de ser compartido y aprovechado por otros que buscasen una obra con la que profundizar sobre este tema.

Esta publicación pretende ser una obra didáctica de carácter jurídico que comprenda y sistematice la normativa más importante del sector del juego, tanto en su vertiente presencial como online pero predominantemente en ésta última. El manual trata de comprender y explicar de la forma más ordenada posible la regulación existente, surgiendo como una respuesta ante la complejidad y dispersión normativa actual, que trata de desenmarañar. Dicha complejidad resulta de una mala praxis del poder legislativo español, que ha generado una ingente cantidad de normas interrelacionadas entre sí de una forma desordenada e inespecífica en ocasiones, y redundante en otras.

Lo anterior es debido a que, para empezar, muchas normas concretas son repetidas hasta en 3 niveles normativos, a saber, leyes, reales decretos y órdenes ministeriales. Estos niveles normativos son a su vez refinados por las resoluciones judiciales de los Tribunales y resoluciones administrativas de los organismos competentes.

Por otro lado, el juego de encaje de normativas se complica aún más por cuanto la normativa estatal debe coordinarse con la normativa autonómica de cada una de las Comunidades Autónomas (y Ciudades Autónomas), y por el reparto de competencias existentes entre diferentes organismos e instituciones que intervienen en algún momento en el sector. Ello llega a su punto más absurdo en la regulación de algunos juegos como la "ruleta en vivo" en la que confluyen la normativa del Estado y de las Comunidades Autónomas. En el fondo, el afán regulatorio entre Estado y Comunidad Autónoma lo que esconde es en realidad un afán recaudatorio.

Otro de los sinsentidos es la referencia una y otra vez de la norma central, La Ley 13/2011, de 27 de mayo, de Regulación del Juego, en adelante LRJ, y su desarrollo normativo, a la Comisión Nacional sobre el Juego, como organismo supervisor. Pues bien, dicho órgano "ni está ni se le espera", ya que nunca llegó a existir, y sus competencias fueron asumidas por la Dirección General de Ordenación del Juego, en adelante DGOJ, a quien se entenderán referidas en este manual cada una de las atribuciones que "en papel" le corresponden a la Comisión Nacional sobre el Juego.

El Poder Judicial por su parte trata de enmendar a "golpe de maza" diversas ilegalidades que se producen en algunas de las normas principales, rectificando cuando procede al Poder Legislativo y al Poder Ejecutivo, no sin la dilación de varios años a la que nos tienen acostumbrados.

En ocasiones ni si quiera se tiene rigor jurídico a la hora de denominar las figuras del Derecho. Por ejemplo, se le da el nombre de "Tasa sobre el Juego" a una figura tributaria que en realidad es un híbrido que está mucho más cerca de la figura de los impuestos, por las notas que los caracterizan y que parece haber mantenido el nombre de tasa por razones históricas.

La propia clasificación del juego, entre juego presencial ("*land-based gaming*" u "offline") y juego por canales electrónicos u "*online*", también plantea problemas en algunos casos acerca de cuándo estamos ante uno u otro tipo, y ello será un factor determinante para saber si la regulación que resulta aplicable es la autonómica, en el primer caso, o la estatal, en el segundo. A veces son de aplicación ambas de forma concurrente o teniendo la normativa estatal un carácter supletorio. Nos referimos ahora a una tercera tipología que sería el "juego en vivo" o "*live gambling*" en el que se mezcla el juego a distancia de forma electrónica ligado a canales en *streaming* que muestran dealers de juegos de cartas o apuestas deportivas. El objetivo de esta modalidad es conferir al juego online una experiencia más cercana e inmersiva.

Queda avisado el lector acerca de la gran cantidad de normas que estudia esta publicación, y de lo cambiantes que pueden resultar, por lo que para un estudio exhaustivo deberá cerciorarse de la vigencia de las normas aquí tratadas y sus posibles modificaciones, que seguro las habrá.

# Perspectiva internacional del juego

No podemos olvidar el componente internacional del sector para la vertiente del juego online, que permite a los operadores prestar sus servicios desde jurisdicciones más favorables, ya sea por el menor control regulatorio o por la menor presión fiscal. Esto les puede permitir actuar a distancia, y en algunos casos, dependiendo de avanzado y permisivo que sea el país en cuestión cuyos residentes reciben el servicio, se exigirá o no la obtención de una licencia de juego nacional. Además, una tipología de juego puede estar prohibida en un Estado, o sometida a reserva (a un operador público o privado en concreto).

El informe de 2009 de El Grupo de Acción Financiera Internacional (GAFI) o por su denominación anglosajona *Financial Action Task Force (FATF)* apuntaba que en 2007 había en torno a 150 países que participaban de alguna forma en modalidades legales de juego presencial. De esos 150, al menos 100 disponían de casinos y salas de juego, 100 disponían de productos de lotería, y 60 participaban en la industria de apuestas deportivas y de carreras.

Prácticamente todas las modalidades de juego offline tienen su homólogo en el juego online, que es legal en al menos 73 Países[1].

Cada jurisdicción regula el sector del juego como le conviene. En algunas jurisdicciones, como la española, tanto el juego online como presencial es perfectamente legal. Otras jurisdicciones sólo permiten el juego presencial, y para otras, cualquier tipología de juego de azar está completamente prohibida. En determinados países las prohibiciones de

---

[1] https://gmcgaminglicenses.com/all-online-gaming-jurisdictions/

juego son relativas, en tanto que solo aplican a los nacionales, pero no a los visitantes. Por otra parte, también pueden existir prohibiciones o reservas para el Estado de determinadas tipologías de juego, como ocurre en España, con determinados matices, para las loterías estatales.

La prosperidad del juego en un país depende en gran medida de la regulación existente, incluyendo la tributación, la innovación tecnológica y las posibilidades de promoción o publicidad efectiva. Esta mezcla actualmente nos deja el siguiente panorama internacional:

# Estados Unidos de América y Canadá

El GAFI estimaba que Norte América y Canadá constituyen los mercados de juego más extensos, incluyendo el juego online, con una cuota cercana al 50% de la cuota de juego a nivel mundial.

La industria del juego deja alrededor de 261 millones de USD anuales. A la cabeza el Estado de Nevada. No obstante, el juego interestatal está prohibido en los Estados Unidos, y la regulación del juego difiere entre los distintos Estados, estando prohibido en algunos y permitido en otros.

Recientemente la legislación en los Estados Unidos ha permitido que se pueda apostar no solo sobre eventos deportivos sino también otro tipo de eventos, como pueden ser eventos políticos o ante sucesos que tengan lugar en los shows televisivos.

No existe una ley federal de los Estados Unidos que explícitamente admita la legalidad del juego online. En cambio, hay dos leyes que se han venido invocando para defender la ilegalidad del juego: La *Federal*

*Wire Act* de 1961, prohíbe la realización de apuestas deportivas por teléfono, y esto ha sido interpretado históricamente como la ilegalidad de cualquier forma de juego online. Por otro lado, la *Unlawful Internet Gambling Enforcement Act (UIGEA)* de 2006 que previene a las instituciones financieras de transferir fondos a entidades offshore pero no aplica dentro de los límites fronterizos.

En 2018, tras un cambio de parecer de los tribunales de justicia, determinados Estados[2] comenzaron a ofrecer una variedad de juego online (casino y lotería) y además, la prohibición federal sobre las apuestas deportivas fue derogada, abriendo la veda a esta forma de juego a distintos Estados que han ido subiéndose al carro y se prevé que muchos otros los sigan.

Después de que la Corte Suprema confirmara en 1987 el derecho de los gobiernos tribales a establecer negocios de juego se promulgó en 1988 *la Indian Gaming Regulatory Act* que reconoce y limita este derecho a la vez que el compromiso existente entre los intereses del Estado y de la Tribu. Los casinos de las tribus indias generaron 25,7 billones de USD en ingresos en 2006 (más del doble de los casinos de Nevada). Si todos estos casinos fueran considerados como una sola empresa, se encontraría en el ranking de las 100 mayores empresas americanas.

Por su parte Canadá genera más de 17,3 billones de CAD anuales.

---

[2] Nevada, Pennsylvania, New Jersey, Delaware, Georgia, Illinois, Michigan, Kentucky, West Virginia y New Hampshire.

# Europa

Existen casinos en Albania, Alemania, Austria, Bélgica, Bielorrusia, Bosnia y Herzegovina, Bulgaria, Croacia, Chipre, Dinamarca, Eslovaquia, Eslovenia, España, Estonia, Finlandia, Francia, Georgia, Grecia, Hungría, Irlanda, Italia, Letonia, Lituania, Luxemburgo, Malta, Moldavia, Mónaco, Montenegro, Países Bajos, Noruega, Polonia, Portugal, Reino Unido (incluyendo Gibraltar), República Checa, Rumanía, Rusia, Serbia, Suecia, Suiza y Ucrania.

La mayoría de los casinos están regulados y todos están sometidos a normativa de prevención del blanqueo de capitales a través de las directivas europeas y las normativas de desarrollo de cada Estado. Los países con mayor número de casinos son Francia, República Checa y Reino Unido. En 2018 se estimaba que la industria del juego dejaba solamente en Reino Unido en torno a 14,4 billones de libras esterlinas.

En Gibraltar existe una importante localización de operadores de juego online. Sin embargo, con el Brexit, muchas de estas casas se han movido a otras jurisdicciones como a Malta o a las ciudades autónomas de Ceuta y Melilla, que presentan grandes incentivos para los operadores.

# Oriente Medio

En el Oriente Medio ha caído mucho el juego, con algún casino en Iraq y en Líbano y los casinos existentes en Israel, que cohabitan con los llamados casinos flotantes.

En Rusia, a pesar de que contaba con una gran cantidad de casinos (348 en 2009) una ley de 2009 limitó el establecimiento de casinos a las ciudades de Krasnodar, Rostov, Kaliningrado y Siberia, lo que ha hecho que proliferen los casinos clandestinos bajo tierra.

# África

África se posiciona como una región en la que los casinos han tenido un crecimiento significativo, y actualmente el sector de los casinos está bastante desarrollado. Muchos de los países africanos no han promulgado ninguna regulación para prevenir el blanqueo de capitales y otros muchos tienen simplemente una regulación muy pobre. En algunos de los países de África los casinos solo están permitidos para turistas.

Existen casinos en Benín, Botsuana, Camerún, República Centroafricana, Comoras, Costa de Marfil, La República del Congo, Yibuti, Egipto, Gambia, Ghana, Kenia, Liberia, Madagascar, Malaui, Malí, Mauricio, Marruecos, Mozambique, Namibia, Nigeria, Reunion, Senegal, Seychelles, Sierra Leona, Sudáfrica, Suazilandia, Tanzania, Túnez, Uganda, Zambia y Zimbabue. La mayor concentración de casinos se encuentra en Suráfrica, con al menos 40 casinos.

# Asia

Se prevé que sea una de las zonas con una proliferación más rápida del juego. La apertura de Singapur y Japón contribuyen a ello en gran medida.

Existen casinos en Camboya, Kazajstán, Kirguistán, Macao (China), Malasia, Nepal, Filipinas, Corea del Sur y Vietnam. Sri Lanka también tiene casinos, pero no están regulados ni sometidos a obligaciones de prevención de blanqueo de capitales.

A tener en cuenta que Camboya, Corea del Sur, Nepal y Vietnam solo permiten la entrada a los casinos a los turistas.

Aunque el juego es ilegal en China, se permite en la ciudad de Macao, donde el 50% de los ingresos de su economía proviene del juego, generando 38 millones de dólares en 2018.

## Oceanía

Existen casinos en Australia, Nueva Caledonia, Nueva Zelanda, Islas Marianas del Norte, La Reunión, Islas Salomón, Papúa Nueva Guinea y Vanuatu.

En el Pacífico, al igual que en Asia, es común la organización de cruceros de juego que incluyen tours desde jurisdicciones donde no se permite el juego a otras en las que sí.

Todos los Estados de Australia tienen al menos un casino. Un estudio reciente mostró que los ingresos del sector en Australia alcanzaban los 18 billones AUD anuales. Todos los casinos en Australia están regulados y se encuentran supervisados a efectos normativos para la prevención del blanqueo de capitales.

## Latinoamérica y Caribe

Actualmente el mercado de casinos está extendido en Antigua y Barbuda, Argentina, Aruba, Bahamas, Barbados, Belice, Chile, Colombia, Costa Rica, República Dominicana, Ecuador, El Salvador, Guayana, Haití, Honduras, Jamaica, Martinica, Las Antillas Mexicanas, Nicaragua, Panamá, Paraguay, Perú, San Vicente, Granadinas, San Cristóbal y Nieves, Surinam, Trinidad y Tobago, Uruguay y Venezuela.

Algunos países como las Bahamas prohíben el juego a los clientes locales, pero lo permiten a los turistas.

El juego online solo está legalizado en Argentina (en algunos de sus Estados, no de forma federal) y en Chile, que también son los países que presentan mayor número de casinos junto con Costa Rica y República Dominicana.

# Perspectiva nacional del juego

El Código Penal Español de 1944 en su Título VI intitulado *"de los juegos ilícitos"* tan sólo contenía 2 artículos, que rezaban así:

Artículo 349.

*Los banqueros y dueños de casas de juego de suerte, envite o azar serán castigados con las penas de arresto mayor y multa de 1.000 a 5.000 pesetas, y en caso de reincidencia, con las de prisión menor y multa de 5.000 a 10.000 pesetas.*

*Los jugadores que concurrieren a las casas respectivas, con las de arresto mayor y multa de 1.000 a 2.500 pesetas y en caso de reincidencia, con las de arresto mayor y multa de 2.500 a 5.000 pesetas.*

Artículo 350

*El dinero o efectos y los instrumentos y útiles destinados al juego, caerán en comiso, cualquiera que sea el lugar en que se hallen.*

Habrá que esperar 33 años a la despenalización del juego autorizado mediante la modificación introducida por el Real Decreto Ley 16/1977, de 25 de febrero, por el que se regulan los aspectos penales, administrativos y fiscales de los juegos de suerte, envite o azar y apuestas, que permitirá aquel juego que se hallare autorizado. Este Real Decreto no solo trae la autorización del juego, sino *"una instrumentación adecuada de fiscalidad complementaria, que se estima imprescindible"*, según su propia exposición de motivos. Ello no será otra cosa que la tasa fiscal sobre rifas, tómbolas, apuestas y combinaciones aleatorias, que más adelante explicaremos.

Desde ese momento el juego no ha dejado de crecer, y dicho crecimiento ha venido siempre con la instauración y modificación de la normativa tributaria que le acompaña.

En lo que se refiere al juego online, su crecimiento se ha producido año a año en la última década, según pone de manifiesto un informe elaborado por la DGOJ sobre el mercado del juego online estatal en España.

El indicador más fiable sobre el crecimiento es la ganancia o margen de juego del operador (*Gross Gaming Revenue* en adelante GGR, o *Win,*), calculado como diferencia entre las cantidades jugadas por los participantes y los premios. No debemos confundir el GCR con los beneficios empresariales, que son los resultantes una vez descontados los gastos del operador. Pues bien, el GGR ha sido el siguiente en España para el juego online:

- 229 millones en 2013
- 253 millones en 2014
- 317 millones en 2015
- 426 millones en 2016
- 557 millones en 2017
- 699 millones en 2018
- 748 millones en 2019

En 2019 se jugaron 10.226 M € en GGR, de los cuales corresponden 4.590 M € al juego público de SELAE y ONCE, 4.860 M € al juego privado presencial y 776 M € al juego privado online.

De los 776 M € al juego privado online de GGR, 747,6 M € corresponden al juego online estatal y ese importe se reparte a su vez entre un 50,6% que suponen las apuestas deportivas e hípicas y un 49,4% al resto de juegos. En 2019 las apuestas representaron 378,3 M €, los juegos de casino 197,5 M € (con el póquer en 81,3 M € y las ruletas en 92,9 M €). Los slots supusieron 157 M € y el Bingo 12,7 M €.

El gasto total de juego en 2019 asciende supone un 0,8% del Producto Interior Bruto, dividido entre 0,37% PIB para el juego público, 0,38% del PIB para el juego privado presencial y 0,06% para el juego privado online.

Las empresas de juego presencial aportaron 1.137,5 M € en impuestos sobre el juego a las Comunidades Autónomas y las empresas de juego online aportaron 197,3 M € de impuestos de juego al Estado, además de los 372,6 M € aportados por los contribuyentes beneficiarios de premios de loterías o bingos.

A ello se sumaría una estimación de 62 M € en Impuesto sobre Sociedades, 44 M € en el Impuesto sobre Actividades Económicas y 205 M € en IVA repercutido por los hosteleros a los operadores de máquinas B por su servicio de ubicación de las máquinas.

El Sector del juego da empleo 84.797 personas (47.047 en el sector privado y 37.750 entre SELAE y ONCE), sin contar el personal empelado en los organismos reguladores (aprox. 150 personas), aportando una estimación de 326 M € anuales en cotizaciones sociales del sector privado. De manera indirecta, el sector del juego genera 175.000 empleos (de los cuales 50.000 empleos en hostelería).[3]

---

[3] Anuario de Juego en España 2020 de CEJUEGO.

# REGULACIÓN SUSTANTIVA DEL JUEGO EN ESPAÑA

## El reparto de competencias entre Estado y Comunidades Autónomas

El Real Decreto Ley 16/1977 en su artículo primero establecía la competencia estatal exclusiva y excluyente en esta materia, declarando que "*Corresponde a la Administración del Estado la determinación de los supuestos en que los juegos de azar, rifas, tómbolas, apuestas y combinaciones aleatorias puedan ser autorizados, la reglamentación general de los mismos y la competencia para autorización y organización de actividades específicas destinadas a hacer posible la práctica de aquellos*". Se deja aparte la Lotería Nacional, los sorteos realizados por la Organización Nacional de Ciegos, el Patronato de Apuestas Mutuas Deportivas Benéficas y las demás apuestas deportivas que continuarán regulándose por sus normas privativas.

La Constitución Española de 1978, promulgada un año más tarde, no reserva expresamente la competencia exclusiva sobre juego al Estado en ninguna de las materias que se enumeran el artículo 149.1, por lo que las Comunidades Autónomas en teoría estarían habilitadas para asumir competencias exclusivas al respecto, si así lo desean, en sus respectivos Estatutos de Autonomía en aplicación del artículo 149.3, que permite a las Comunidades Autónomas asumir con carácter exclusivo aquellas competencias no reservadas al Estado.

Pues bien, esta discusión sobre a qué nivel territorial correspondía esta materia fue discutida en el conflicto de competencia planteado por el

Consejo Ejecutivo de la Generalidad de Cataluña frente al Gobierno de la Nación, por entender que el Organismo Nacional de Loterías y Apuestas del Estado vulneraba la competencia exclusiva en este caso asumida por el Estatuto de Autonomía de Cataluña en materia de "casinos, juegos y apuestas".

Dicho conflicto de competencias se resolvió mediante sentencia del Tribunal Constitucional número 163/1994, de 26 de mayo de 1994, que entendió haciendo una interpretación sistemática (y muy creativa) de la Constitución que pese a no existir ningún apartado del artículo 149.1 de la misma que atribuía de forma explícita competencia exclusiva al Estado en materia de juego, debía entenderse que la organización de juegos de ámbito estatal no contrariaba la competencia de la Comunidad Autónoma de gestionar la organización de juegos dentro de su propio territorio.

Para fundamentar esta decisión el Tribunal Constitucional se apoya en la competencia exclusiva del Estado en lo que respecta a Hacienda General y Deuda del Estado (artículo 149.1.14) en razón de que los casinos, juegos y apuestas suponen una fuente de la Hacienda Estatal, y también en el interés supracomunitario de regulación de esta materia para su autorización del Estado.

Está argumentación, cuanto menos discutible, cuenta con un voto particular sustentado por tres magistrados que viene a defender que con ese razonamiento de la sentencia se abriría la puerta a que el Estado asumiera competencia exclusiva en cualquier ámbito.

Sea como fuere, la sentencia asienta el criterio sobre la competencia compartida en esta materia entre Estado y Comunidades Autónomas, siendo aquel competente en aquellos juegos que se proyecten en un territorio superior a la comunidad Autónoma, y aquellas siéndolo dentro de sus respectivos territorios. Por tanto, la competencia depende del ámbito territorial sobre el que se proyecta el juego, no por el canal utilizado para el juego, aunque en la práctica muy difícilmente se podrá ver un juego no presencial que tenga un alcance sólo autonómico, pero sobre el papel sería posible. Siguiendo este razonamiento, un juego online que solo tenga lugar en la Comunidad Autónoma Andaluza puede ser eventualmente regulado por dicha Comunidad.

Por simplificarlo, diremos que el juego online es competencia del Estado, y el presencial es competencia de las Comunidades Autónomas y Ciudades Autónomas, que podrán elaborar normativa que modifique, amplíe o derogue la existente al respecto promulgada por el Estado y que es de aplicación por defecto en caso de que la Comunidad o Ciudad Autónoma en cuestión no haya asumido competencias.

# Normativa aplicable

Mucha de la normativa aplicable nace en un prisma europeo. El trabajo de la Comisión Europea en lo que respecta al juego, ha supuesto centrar los esfuerzos en distintas directivas y reglamentos que tienen por objeto:

- Establecer un marco regulatorio para ser transpuesto por los distintos Estados miembros dentro de su ordenamiento jurídico interno.

- Mejorar la cooperación administrativa.

- Proteger a los consumidores y a los grupos vulnerables.

- Prevenir el blanqueo de capitales y la financiación del terrorismo.

- Velar por la integridad en el deporte previniendo los amaños deportivos.

- Proteger los datos personales.

No estando la actividad del juego regulada directamente por el Derecho Comunitario, y por ende no está sujeta a armonización de ninguna clase, son los Estados miembros los que fijan para sí mismos las principales normas de referencia o fuentes del derecho, que en el caso de España son:

- Ley 13/2011, de 27 de mayo de Regulación del Juego (LRJ).

- Real Decreto 352/2011, de 11 de marzo, por el que se modifica el Real Decreto 1127/2008, de 4 de julio por el que se desarrolla la estructura orgánica básica del Ministerio de Economía y Hacienda y se modifican el Real Decreto 1366/2010, de 29 de octubre, y el Real Decreto 63/2001, de 26 de enero, por el que se aprueba el estatuto del organismo autónomo Instituto de Estudios Fiscales [Creación de la Dirección General de Ordenación del Juego].

- Disposición Adicional Décima de la Ley 3/2013, de 4 de junio, de creación de la Comisión Nacional de los Mercados y la Competencia. [Transferencia de las funciones de la Comisión Nacional sobre el Juego a la Dirección General de Ordenación del Juego].

- Artículo 1790 del Código Civil (contratos aleatorios o de suerte).

- Real Decreto 1614/2011, de 14 de noviembre, por el que se desarrolla la ley 13/2011, de 27 de mayo, de regulación del juego, en lo relativo a las licencias, autorizaciones y registros del juego.

- Resolución de 1 de diciembre de 2017, de la Dirección General de Ordenación del Juego, por la que, de conformidad con lo dispuesto en el artículo 17 del Real Decreto 1614/2011 de 14 de noviembre, por el que se desarrolla la Ley 13/2011, de 27 de mayo, de regulación del juego, en lo relativo a licencias, autorizaciones y registros de juego, se establece el procedimiento de solicitud y otorgamiento de Licencias Singulares para el desarrollo y explotación de los distintos tipos de actividades de juego.

- Resolución de 13 de octubre de 2014, de la Dirección General de Ordenación del Juego, por la que se aprueba la disposición que desarrolla el Capítulo III del Título II del Real Decreto 1614/2011, de 14 de noviembre y la determinación de los importes de la garantía de operador que se vinculan a las licencias singulares correspondientes a los distintos tipos de juego.

- Resolución de 16 de noviembre de 2011, de la Dirección General de Ordenación del Juego, por la que de conformidad con lo dispuesto en el artículo 50 del Real Decreto 1614/2011, de 14 de noviembre, por el que se desarrolla la Ley 13/2011, de 27 de mayo, de regulación del juego, en lo relativo a licencias, autorizaciones y registros del juego, se establece el contenido mínimo de las inscripciones provisionales en la sección especial de concurrentes del registro general de licencias de juego.

- Resolución de 16 de noviembre de 2011, de la Dirección General de Ordenación del Juego, por la que, de conformidad con lo dispuesto en el artículo 36 del Real Decreto 1614/2011, de 14 de noviembre, por el que se desarrolla la Ley 13/2011, de 27 de mayo, de regulación del juego, en lo relativo a licencias, autorizaciones y registros de juego, se establece el test de juego responsable y de prevención de conductas adictivas del juego.

- Real Decreto 1613/2011, de 14 de noviembre, por el que se desarrolla la ley 13/2011, de 27 de mayo, de regulación del juego, en lo relativo a los requisitos técnicos de las actividades de juego.

- Resolución de 6 de octubre de 2014, de la Dirección General de Ordenación del Juego, por la que se aprueba la disposición por la que se desarrollan las especificaciones técnicas de juego, trazabilidad y seguridad que deben cumplir los sistemas técnicos de juego de carácter no reservado objeto de licencias otorgadas al amparo de la Ley 13/2011, de 27 de mayo, de regulación del juego.

- Resolución de 6 de octubre de 2014, de la Dirección General de Ordenación del Juego, por la que se aprueban las disposiciones por las que se establecen los modelos de informes preliminares de las certificaciones de los proyectos técnicos y el modelo de informe de certificación de sistema de control interno, presentados por los solicitantes de licencias generales y singulares para la explotación y comercialización de juegos, viene a establecer el contenido mínimo de dicho informe de certificación preliminar.

- Resolución de 6 de octubre de 2014, de la Dirección General de Ordenación del Juego, por la que se establece el modelo y contenido del informe de certificación definitiva de los sistemas técnicos de los operadores de juego y se desarrolla el procedimiento de gestión de cambios.

- Real Decreto 958/2020, de 3 de noviembre, de comunicaciones comerciales de las actividades de juego.

- Orden EHA 3081/2011, de 8 de noviembre por la que se aprueba la reglamentación básica de las apuestas deportivas mutuas.

- Orden EHA 3080/2011, de 8 de noviembre por la que se aprueba la reglamentación básica de las apuestas deportivas de contrapartida.

- Orden EHA 3079/2011, de 8 de noviembre por la que se aprueba la reglamentación básica de otras apuestas de contrapartida.

- Orden EHA 3083/2011, de 8 de noviembre por la que se aprueba la reglamentación básica de las apuestas hípicas mutuas.

- Orden EHA 3082/2011, de 8 de noviembre por la que se aprueba la reglamentación básica de las apuestas hípicas de contrapartida.

- Orden HAP/1369/2014, de 25 de julio, por la que se aprueba la reglamentación básica de las apuestas cruzadas, y se modifican distintas órdenes ministeriales por las que se aprueba la reglamentación básica de determinados juegos.

- Resolución de 11 de julio de 2019, de la Dirección General de Ordenación del Juego, por la que se prohíbe ofrecer apuestas sobre eventos que sean protagonizados exclusiva o mayoritariamente por menores de edad.

- Orden EHA 3084/2011, de 8 de noviembre por la que se aprueba la reglamentación básica de los concursos.

- Orden HAP/1370/2014, de 25 de julio, por la que se aprueba la reglamentación básica del juego de máquinas de azar.

- Orden EHA 3088/2011, de 8 de noviembre por la que se aprueba la reglamentación básica del juego del Black Jack.

- Orden EHA 3087/2011, de 8 de noviembre por la que se aprueba la reglamentación básica del juego del Bingo.

- Orden EHA 3084/2011, de 8 de noviembre por la que se aprueba la reglamentación básica de juego del Punto y Banca.

- Orden EHA 3089/2011, de 8 de noviembre por la que se aprueba la reglamentación básica de juego del Póquer.

- Resolución de 29 de diciembre de 2017, de la Dirección General de Ordenación del Juego, por la que se acuerda autorizar una modalidad de liquidez distinta a la propia de la participación de los juegos con registro de usuario español para el juego de póquer online, y por la que se modifican determinadas resoluciones sobre las actividades de juego previstas en la Ley 13/2011, de 27 de mayo, de regulación del juego.

- Orden EHA 3085/2011, de 8 de noviembre por la que se aprueba la reglamentación básica de juego de La Ruleta.

- Orden EHA 3090/2011, de 8 de noviembre por la que se aprueba la reglamentación básica del tipo de juegos denominado "Juegos Complementarios".

- Decreto 3059/1966, de 1 de diciembre, por el que se aprueba el texto refundido de las Tasas Fiscales.

- Real Decreto-ley 16/1977, de 25 de febrero, por el que se regulan los aspectos penales, administrativos y fiscales de los juegos de suerte, envite o azar y apuestas.

- Reglamento de Máquinas Recreativas y de Azar, aprobado por el Real Decreto 2110/1998, de 2 de octubre.

- Ley 10/2010, de 28 de abril, de prevención del blanqueo de capitales de financiación del terrorismo.

- Real Decreto 304/2014, de 5 de mayo, por el que se aprueba el Reglamento de la Ley 10/2010, de 28 de abril, de prevención del blanqueo de capitales y de la financiación del terrorismo

- Reglamento Delegado (UE) 2016/1675 de la Comisión, de 14 de julio de 2016, por el que se completa la Directiva (UE) 2015/849 del Parlamento Europeo y del Consejo identificando los terceros países de alto riesgo con deficiencias estratégicas.

Aunque parezca una broma, hasta aquí hemos mencionado solo las principales normas estatales. Por su parte, cada una de las Comunidades Autónomas, y las Ciudades Autónomas (Ceuta y Melilla) también han elaborado su propia normativa para regular los aspectos que caen bajo su competencia exclusiva de regulación del juego en su territorio (juego presencial, y algunas el juego online intra territorio autonómico). No es objeto de estudio en esta obra cada una de las normativas elaboradas regionalmente, que por otra parte sería complejo de mantener actualizado. A este respecto se recomienda consultar el Anuario del Juego en España elaborado por El Consejo Empresarial del Juego (CEJUEGO).

Dicho lo anterior, la norma sectorial de referencia en la regulación del juego en España es la Ley 13/2011, de 27 de mayo, de Regulación del Juego (LRJ). Como reza en su propia exposición de motivos, la promulgación de esta ley responde a la irrupción de las nuevas tecnologías y la consiguiente deslocalización de los operadores del juego, que permite el acceso al juego desde cualquier lugar mediante el uso de los dispositivos electrónicos.

Por tanto, esta ley trata de regular la actividad del juego con un alcance geográfico estatal (y transfronterizo) realizada a través de medios electrónicos, informáticos, telemáticos e interactivos, dejando a las Comunidades Autónomas la regulación del juego presencial dentro de cada uno de sus respectivos territorios. Como antes hemos insistido, se trata de ámbito territorial, no de canales de juego, ya que las Comunidades Autonómicas podrían regular el juego online que no excediera de su territorio.

En particular, la LRJ regula las actividades de juego que se refieren a continuación, cuando tengan un alcance estatal o un alcance transfronterizo, entendiendo por éste aquel que, organizado desde fuera del Estado, tiene un impacto sobre residentes españoles:

- Las actividades de juego de loterías[4], apuestas y cualquier otra en la que se asuma un riesgo económico.

- Las rifas y concursos cuya participación exige un pago económico.

- Las actividades de juego ocasional distintas a las anteriores.

Quedan excluidas de esta Ley:

- Los juegos y competiciones "*de puro ocio, pasatiempo o recreo*" que constituyan usos sociales y se desarrollen en el ámbito estatal.

- Las actividades de juego realizadas a través de medios electrónicos, informáticos, telemáticos o interactivos cuyo ámbito no sea estatal (Juego online autonómico).

- Las combinaciones aleatorias con fines publicitarios o promocionales, entendiendo por éstas los sorteos que tengan una finalidad exclusivamente publicitaria o de promoción de un producto o servicio, y que ofrecen un premio, en metálico o en especie a cambio del consumo del producto o servicio (y por tanto sin pago de sobreprecio o tarificación adicional alguna).

---

[4] La actividad de organización estatal de loterías, debido a su volumen e implicaciones relacionadas con el riesgo de blanqueo de capitales están reservadas a favor de la Sociedad Estatal Loterías y Apuestas del Estado y Organización Nacional de Ciegos Españoles. (ONCE).

Por ello no están reguladas por la Ley 13/2011 de Regulación del juego salvo en lo relativo al Impuesto sobre el Juego, por lo que para su realización no se precisa licencia o autorización alguna, ni tampoco comunicación previa a la Dirección General de Ordenación del Juego.

Por resumir, esta ley regula la competencia del Estado en la organización de juegos online a través de medios electrónicos, incluyendo aquellos juegos en los que los medios presenciales tienen un carácter accesorio, organizados en una territorialidad superior a la de la comunidad autónoma, y también aquellos juegos sometidos a reserva estatal, independientemente de los medios utilizados para su desarrollo (que pueden no estar sometidos a reserva en el ámbito autonómico, como es el caso de la lotería).

El problema puede plantearse cuando se intenta delimitar si un juego organizado por medios electrónicos o telemáticos tiene lugar en una sola Comunidad Autónoma (competencia autonómica) o en varias (competencia estatal) a nivel práctico. El criterio a seguir sería el del ámbito territorial en el que el operador ofrece su juego. A este respecto sostiene el Tribunal de Justicia de la Unión Europea en sentencia de 7 de diciembre de 2010 (caso "Pammer") que el elemento relevante para delimitar el territorio es el que ofrece la configuración de la página web del operador, tomando en consideraciones por ejemplo la lengua empleada, limitaciones de acceso, prefijos de números de teléfono de contacto, lugar de situación de las cuentas, etc. para determinar el territorio en el que el operador presta servicios.

La primera aproximación que debe hacerse es al concepto de "Juego". Se entiende por **Juego** toda actividad en la que se arriesguen cantidades de dinero u objetos económicamente evaluables en cualquier forma sobre resultados futuros e inciertos, dependientes en alguna medida del azar, y que permitan su transferencia entre los participantes, con independencia de que predomine en ellos el grado de destreza de los jugadores o sean exclusiva o fundamentalmente de suerte, envite o azar. Los premios podrán ser en metálico o especie dependiendo de la modalidad de juego.

El elemento sobre el que se hace énfasis es el de arriesgar patrimonio, independientemente del grado de azar y el grado de destreza o habilidad que intervenga. En este sentido, en otras jurisdicciones como Suiza, el Póquer por ejemplo no se considera un juego de azar porque se pone el acento como elemento diferenciador en la destreza del jugador.

La anterior definición permite identificar cuando estamos delante de una actividad cuya regulación cae dentro de esta ley y no de otras actividades cuya frontera en algunos casos puede ser borrosa, como aquellas en las redes sociales que utilizan mecánicas de juego, pero no se arriesga dinero ni se recibe un premio en dinero.

Lo siguiente que la ley aclara es cuándo estamos ante el juego a través de medios electrónicos y cuándo estamos ante el juego a través de medios presenciales "accesorios". Ambas modalidades entrarían dentro de lo que denominamos "juego online".

Los Juegos por medios electrónicos, informáticos, telemáticos e interactivos son aquellos en los que se emplea cualquier mecanismo, instalación, equipo o sistema que permita producir, almacenar o transmitir documentos, datos e informaciones, incluyendo cualesquiera redes de comunicación abiertas o restringidas como televisión, Internet, telefonía fija y móvil o cualesquiera otras, o comunicación interactiva, ya sea esta en tiempo real o en diferido

Los juegos a través de medios presenciales (entiéndase "accesorios") son aquellos en los que las apuestas, pronósticos o combinaciones deben formularse en un establecimiento de un operador de juego a través de un terminal en línea mediante

- La presentación de un boleto, octavilla o documento establecido al efecto en el que se hayan consignado los pronósticos, combinaciones o apuestas,
- Tecleando los mismos en el terminal correspondiente,
- Mediante su solicitud automática al terminal, basada en el azar.

Cualquiera de las fórmulas antes citadas será transmitida a un sistema central y, a continuación, el terminal expedirá uno o varios resguardos al jugador.

Es decir, el juego se efectúa a través de canales electrónicos, informáticos, telemáticos e interactivos, en los que los medios presenciales tienen un carácter accesorio. La instalación de los terminales físicos requiere autorización de la Comunidad Autónoma competente, y deben haber sido previamente homologados por la DGOJ.

Si los medios presenciales no tienen un carácter accesorio estaríamos hablando de juego presencial en puridad u offline, cuya competencia pertenece a las Comunidades Autónomas.

# Principales actores en el sector del juego y sus competencias

Algunos de ellos aparecen contemplados en la LRJ. Sin embargo, otros hay que encontrarlos en regulaciones periféricas.

## Ministerio de Economía y Hacienda

La LRJ le atribuye las siguientes competencias:

- Establecer la reglamentación de cada juego, y en el caso de los juegos esporádicos, las bases generales para su práctica según los criterios fijados por el Consejo de Políticas del Juego.

- Aprobar los pliegos de bases de los procedimientos para la obtención de las licencias generales, de acuerdo con el marco reglamentario establecido.

- Elaborar y modificar la normativa en materia de juego.

- Autorizar la comercialización de loterías.

- Imponer las sanciones por el cumplimiento de infracciones muy graves.

- Proponer el nombramiento de presidente y consejeros de la DGOJ.

- Instruir el cese de miembros de la DGOJ.

- Cualesquiera otras que le atributa la Ley.

# Comisión Nacional del Juego [Dirección General de Ordenación del Juego]

El organismo supervisor del Juego en sus inicios fue la entidad pública empresarial Loterías y Apuestas del Estado. La Disposición Adicional Cuadragésima de la Ley 39/2010, de 22 de diciembre de Presupuestos del Estado para el año 2011, por otra parte declarada nula con posterioridad por el Tribunal Constitucional[5], transformó a la entidad pública Empresarial Loterías y Apuestas del Estado (hasta entonces regulador y operador simultáneamente) en la actual Sociedad Estatal Loterías y Apuestas del Estado (simple operador independiente), siendo despojada de sus competencias sancionadoras y de regulación del juego.

Estas competencias pasarían a integrarse de forma temporal mientras se creaba la Comisión Nacional del Juego (en tramitación) al organismo por entonces pendiente de designación y creado posteriormente, la Dirección General de Ordenación del Juego, mediante el Real Decreto 352/2011, de 11 de marzo, por el que se modifica el Real Decreto 1127/2008, de 4 de julio[6] .

---

5 La Sentencia del Tribunal Constitucional número 152/2014, de 25 de septiembre de 2014, declaró nula esta norma por exceder el ámbito regulatorio de una mera Ley de Presupuestos Generales del Estado (que debe circunscribirse a medidas de ingresos y gastos públicos) para regular la naturaleza y régimen jurídico del sector público estatal.

[6] por el que se modifica el Real Decreto 1127/2008, de 4 de julio, por el que se desarrolla la estructura orgánica básica del Ministerio de Economía y Hacienda y se modifican el Real Decreto 1366/2010, de 29 de octubre, y el Real Decreto 63/2001, de 26 de enero, por el que se aprueba el estatuto del organismo autónomo Instituto de Estudios Fiscales.

Pues bien, la Comisión Nacional del Juego, tantas veces repetidas en la LRJ en realidad nunca llegó a existir. La Disposición Transitoria Primera de la LRJ establece que *"las competencias previstas para la Comisión Nacional del Juego serán ejercidas por la Dirección General de Ordenación del Juego, del Ministerio de Consumo (...)*. Es decir, nada más preverse la existencia futura de la Comisión Nacional del Juego, se transfirieron las competencias provisionalmente a la DGOJ, para morir formalmente con la Disposición Adicional Segunda de la Ley 3/2013, de 4 de junio, de creación de la Comisión Nacional de los Mercados y la Competencia. En dicha disposición se establece, además de la extinción de la Comisión Nacional del Juego que *"Las referencias contenidas en cualquier norma del ordenamiento jurídico a la Comisión Nacional del Juego se entenderán realizadas a la Dirección General de Ordenación del Juego (…) que la sustituye y asume sus competencias (…)"*.

La Disposición Adicional Décima de la misma ley establece que *"La Dirección General de Ordenación del Juego (…) asumirá el objeto, funciones y competencias que la Ley 13/2011, de 27 de mayo, de regulación del juego, atribuye a la extinta Comisión Nacional del Juego"*.

Es por lo anterior que toda referencia legal hecha a la Comisión Nacional del Juego es automáticamente sustituida en este manual por la Dirección General de Ordenación del Juego (DGOJ) independientemente del tenor literal de la ley. Entre sus competencias destacan:

- Desarrollar la regulación básica de los juegos y las bases generales de los juegos esporádicos cuando así se determine por Orden Ministerial.

- Desarrollar las disposiciones necesarias de la LRJ, los Reales Decretos aprobados por el Gobierno y las Órdenes Ministeriales de Economía y Hacienda, siempre que cuente con habilitación expresa para ello, pidiendo cuando sea necesario informe previo al órgano competente en materia de defensa de la competencia.

- Proponer los pliegos de bases para la obtención de licencias generales al Ministerio de Economía y Hacienda.

- Conceder los títulos habilitantes.

- Informar preceptivamente la autorización de las actividades de lotería sujetas a reserva.

- Dictar instrucciones de carácter general a los operadores de juego.

- Establecer los requisitos técnicos y funcionales necesarios para los juegos, los estándares de operaciones tecnológicas y certificaciones de calidad, y los procesos, procedimientos, planes de recuperación de desastres, planes de continuidad de negocio y seguridad de la información, de acuerdo con los reglamentos correspondientes y los criterios del Consejo de Políticas de Juego.

- Homologar el software y sistemas técnicos e informáticos precisos para la realización de los juegos y estándares de los mismos, incluyendo los sistemas de identificación de los participantes.

- Vigilar, controlar, inspeccionar y en su caso sancionar las actividades relacionadas con los juegos, incluyendo las actividades de juego sometidas a reserva.

- Perseguir el juego no autorizado que se realice desde España o se dirija al territorio español, pudiendo requerir a proveedores de pago y agencias o medios de publicidad información del operador no autorizado al que hayan prestado algún servicio.

- Proteger los intereses de los participantes y grupos vulnerables y asegurar el cumplimiento de las normativas para defender el orden público y evitar el juego no autorizado.

- Establecer los cauces para proporcionar a los participantes la información precisa y adecuada sobre las actividades de juego y procedimientos eficaces de reclamación.

- Resolver las reclamaciones que se interpongan contra los operadores.

- Realizar y promover estudios de investigación en materia de juego y su incidencia en la sociedad.

- Colaborar en el cumplimiento de la legislación de prevención de blanqueo de capitales y financiación del terrorismo.

- Gestionar El Registro General de Licencias de Juego, El Registro General de Interdicciones de Acceso al Juego y el Registro de Personas Vinculadas a Operadores de Juego.

- Cualquier otra función o competencia atribuida por el ordenamiento jurídico.

# Consejo de las Políticas de Juego

Es el órgano de participación y coordinación de las Comunidades Autónomas y el Estado en materia de juego, y está integrado por los consejeros que desempeñen responsabilidades en materia de juego de todas las Comunidades y Ciudades Autónomas y por un número paritario de representantes de la Administración General del Estado, estando presidido por el titular del Ministerio de Economía y Hacienda.

El Consejo se rige por un reglamento de funcionamiento que determina el régimen de convocatorias y aprobación de acuerdos del mismo.

El consejo promoverá las actuaciones pertinentes, incluyendo las propuestas de normativas de acuerdo con sus competencias para favorecer el régimen jurídico y fiscal y la regulación en materia de publicidad, patrocinio y promoción aplicable a cualquier modalidad de juego, tipo de juego y operador en todo el territorio nacional.

El consejo de Políticas de Juego entenderá de las siguientes materias:

- Normativa básica de los diferentes juegos.

- Desarrollo de la regulación básica de los juegos y de las bases generales de los juegos esporádicos.

- Criterios para el otorgamiento de licencias.

- Definición de los requisitos de los sistemas técnicos de juego y su homologación.

- Principios para el reconocimiento de las certificaciones y homologaciones de licencias otorgadas por los órganos de las Comunidades Autónomas competentes en materia de juego.

- Coordinación de la normativa sobre las medidas de protección de los menores y personas dependientes.

- Estudio y proposición de medidas para avanzar en la equiparación del régimen jurídico aplicable entre Estado y Comunidades Autónomas.

- Cualquier otro aspecto que requiera una actuación coordinada entre el Estado y las Comunidades autónomas.

# Consejo Asesor de Juego Responsable (CAJR)

Es creado en 2013 sin estructura jurídica y sin formalización como órgano, con el objetivo básico de asesorar a la DGOJ en la definición y diseño de la Estrategia de Juego Responsable y en el establecimiento de las líneas maestras a seguir por el sector del juego en esta área. Su consolidación jurídica como órgano tiene lugar el 25 de octubre de 2018 por orden comunicada del Ministerio de Hacienda el, encontrándose adscrito a la DGOJ.

Sus funciones son:

- Tomar conocimiento de medidas y planes que se estén impulsando desde la DGOJ, proyectos normativos o decisiones relevantes en materia de juego responsable.
- Asesorar, elaborar trabajos, informes, propuestas u otras actuaciones que, si procede, sirvan como base para la puesta en marcha de acciones orientadas al juego responsable.

- Realizar propuestas y promover o elaborar informes para el desarrollo de políticas e iniciativas en la materia, trasladando a la DGOJ el resultado y conclusiones finales.

- Fomentar la colaboración entre los sectores público, privado y sociedad civil en materia de juego responsable, promoviendo la cultura del juego responsable en la sociedad.

- Promover la minimización del impacto social derivado de la actividad de juego, anticipando las tendencias emergentes en cuanto a juego responsable.

Consta de cuatro secciones:

A. Sección científica. Su misión es ahondar en el conocimiento de la adicción a los juegos de azar y sus implicaciones bio-psico-sociales desde una perspectiva académico-científica.

B. Sección Protección al participante. Su misión es tratar iniciativas para desarrollar políticas de juego responsable de protección al participante.

C. Sección de Juego y Sociedad. Su misión es la consecución de vías de colaboración con otros actores implicados en el juego y establecer estrategias de comunicación que faciliten la identificación del juego como una actividad de especiales características a tener en cuenta.

D. Sección Asistencial. Su misión es actuar en el conocimiento de la realidad social de aquellos diagnosticados con un trastorno mental de adicción al juego y las necesidades específicas de este colectivo.

Su composición es de lo más variopinta, incluyendo cargos responsables del sector del juego, psicólogos, personal de asociaciones de colectivos con adicción al juego y representantes de algunos de los operadores de juegos.

## Servicio Ejecutivo de la Comisión de prevención del Blanqueo de Capitales (SEPBLAC)

Es la Unidad de Inteligencia Financiera de España, y en su calidad de Autoridad Supervisora, tiene la misión de asegurar el cumplimiento por parte de los sujetos obligados de sus deberes de prevención del blanqueo de capitales y financiación del Terrorismo. Profundizaremos sobre este órgano en la parte del manual referida a la incidencia del blanqueo de capitales en el sector del juego.

## Comisión Nacional para combatir la manipulación de las competiciones deportivas y el fraude en las apuestas (CONFAD)

En el pasado, y hablando desde el prisma europeo, se ha podido observar que determinadas mafias han influido en el resultado de determinadas competiciones deportivas (preponderando fútbol y cricket).

Como reacción a estos amaños, la Unión Europea responde con:

- La Comunicación de la Comisión Europea de 23 de octubre de 2012 *"Hacia un marco europeo global para los juegos de azar en línea"*.

- La Resolución del Parlamento Europeo, de 14 de marzo de 2013, sobre el amaño de partidos y la corrupción en el deporte.

- El Convenio del Consejo de Europa sobre la manipulación de las competiciones deportivas.

Del anterior germen surge la CONFAD, Creada por Orden PCI/759/2019, de 9 de julio. Es un órgano colegiado adscrito al ministerio de Hacienda que representa un cauce formalizado de diálogo y cooperación entre autoridades públicas, organizaciones deportivas, organizadores de competiciones deportivas y representantes del sector del juego al objeto de prevenir y erradicar la corrupción y la manipulación de las competiciones y las apuestas mediante una actuación coordinada de sus miembros.

## Consejo Empresarial del Juego (CEJUEGO)

Es una asociación que tiene como objetivo principal defender los intereses del sector del Juego en España, poniendo en valor su aporte a la sociedad, tanto como generador de ocio y diversión como de empleo y riqueza, según reza en su propia web www.cejuego.com.

CEJUEGO prepara recurrentemente su anuario que contiene una fuente de información muy exhaustiva en cuanto a datos estadísticos del sector del juego se refiere.

## Asociación Española de Juego Digital (JDIGITAL)

Es una asociación sin ánimo de lucro cuyo principal objetivo es defender los intereses del juego online en España, promoviendo entornos y condiciones seguros y responsables para la actividad del juego online, como forma responsable de entretenimiento.

Según su propia web (www.jdigital.es) trabaja para conseguir una regulación equilibrada y competitiva, que permita desarrollar un mercado abierto, seguro y acorde con la actividad del comercio electrónico e internet, a la vez que protege los intereses de los agentes implicados en este sector, ya sean usuario y operadores de juego, y vela por el cumplimiento de las obligaciones de los operadores.

## Operadores de Juego

La Ley considera operador de juego a la persona física o jurídica que haya obtenido un título habilitante para la realización (aunque sea parcial) de una actividad de juego. Profundizaremos en este concepto más adelante.

Los operadores, una vez disponen del correspondiente título habilitante, son publicados en la web de la DGOJ en https://www.ordenacionjuego.es/es/operadores-de-juego.

# Categorías de Juego

Los juegos permitidos en España son aquellos que están expresamente regulados, y estos son los que pasamos a describir.

## Loterías

Se entiende por loterías las actividades de juego en las que se otorgan premios en los casos en que el número o combinación de números o signos, expresados en el billete, boleto o su equivalente electrónico, coinciden en todo o en parte con el determinado mediante un sorteo o evento celebrado en una fecha previamente determinada o en un programa previo, en el caso de las instantáneas o presorteadas. Las loterías se comercializan en billetes, boletos o cualquier otra forma de participación cuyo soporte sea material, informático, telemático, telefónico o interactivo.

La autorización de loterías estatales se efectuará por el titular del Ministerio de Economía y Hacienda, y determinará:

- El porcentaje mínimo y máximo destinado a premios.

- Las condiciones y requisitos para la celebración de los sorteos.

- Los derechos de los participantes y los procedimientos de reclamación.

- Las actividades de publicidad y patrocinio de las loterías.

- Las medidas de protección a los menores, personas dependientes y para la prevención del fraude y blanqueo de capitales y de la financiación del terrorismo en los términos de la ley 10/2010 de 28 de abril.

Existe reserva de actividad a la Sociedad Estatal Loterías y Apuestas del Estado (SELAE) y a la Organización Nacional de Ciegos Españoles (ONCE). Excepcionalmente se puede autorizar la gestión y comercialización de juegos de loterías siempre que se desarrollen por entidades sin fines lucrativos con finalidad benéfica y carácter esporádico[7].

## Sociedad Estatal Loterías y Apuestas del Estado

Nace históricamente con la "Lotería Real" en 1763 inspirándose en una tradición importada de Nápoles por Carlos III y convirtiéndose en una lotería activa, antecesor de la actual "primitiva" que recibe así ese nombre al asemejarse a la primera lotería. Habrá que esperar a 1814 para la celebración del primer sorteo de lotería nacional (lotería pasiva).

En 1946 el Patronato de Apuestas Mutuas Deportivas Benéficas lanza el juego que acabará llamándose "la Quiniela", y en 1984 se fusiona con el Servicio Nacional de Loterías, creándose el Organismo Nacional de Loterías y Apuestas del Estado, que se convertirá en el año 2000 en una Entidad Pública Empresarial (simultáneamente regulador del mercado y operador de los juegos de titularidad estatal) y finalmente la Sociedad Estatal Loterías y Apuestas del Estado como operador de juegos independiente con la promulgación del Real Decreto-ley 13/2010, de 3 de diciembre.

---

[7] Disposición adicional primera de la Ley 13/2011 de Regulación del Juego.

Dentro de la web www.selae.es pueden accederse a los distintos juegos de loterías y apuestas deportivas:

## Lotería Nacional

Consiste en una lotería pasiva en la que los participantes compran participaciones a un número y una serie previamente definidos en cada billete, que son comercializadas divididas en décimas partes. Los sorteos tienen lugar cada jueves y cada sábado, aunque también hay sorteos especiales como el Sorteo Extraordinario de Navidad o el Sorteo Extraordinario del Niño.

## Lotería Primitiva

Consiste en una lotería activa en la que el participante debe elegir 6 números diferentes entre el 1 y el 49. Cada boleto también tiene un número de reintegro entre el 0 y el 9. Los sorteos tienen lugar cada jueves y cada sábado.

## Bonoloto

Es el hermano pequeño de la Lotería Primitiva. Es idéntico a la Lotería Primitiva con la diferencia de que tiene boletos más asequibles y premios de menor tamaño. En este caso el número de reintegro se asigna aleatoriamente, y la celebración del sorteo tiene lugar de lunes a sábado.

## El Gordo de la Primitiva

Es el hermano mayor de la Lotería Primitiva. Es parecido a la Lotería Primitiva con la diferencia de que tiene mayor dificultad, en tanto que hay que elegir 5 números de entre el 1 y el 54 de una primera matriz y un número adicional entre el 0 y el 9 de una segunda matriz, y ello conlleva a su vez premios superiores. La celebración del sorteo tiene lugar los domingos.

## Euromillones

Es una lotería activa celebrada internacionalmente de forma conjunta por nueve operadores de distintos países. El participante debe seleccionar 5 números de una matriz entre el 1 y el 50, y dos estrellas de entre el 1 y el 12. Dado que las probabilidades de ser premiado son inferiores los premios son sensiblemente mayores. Se celebra los martes y viernes.

## La Quiniela

Este juego fue ideado en un bar de Santander en 1929 y rápidamente se extendió por Vizcaya, Vigo, León, etc.[8]

Es un juego de apuesta deportiva en el que se trata de adivinar para 15 partidos de fútbol español de primera y segunda división el equipo ganador o en su caso empate (para los primeros 14 partidos) y el número de goles que cada marcará cada equipo (para el partido número 15).

---

[8] Anuario del Juego en España en 2020, de CEJUEGO.

### Quinigol

Es una variante de la Quiniela en la que se debe acertar el número de goles que marcará cada uno de los equipos (cero, uno, dos o más) en 6 partidos de fútbol.

### Lototurf

Combina una lotería con una apuesta deportiva hípica. Deben elegirse 6 números de una matriz del 1 al 31 y predecir el dorsal del caballo ganador de la carrera, numerado entre el 1 y el 12. Esta lotería en realidad es una lotería primitiva (pese a su logo), dado que de su combinación solo una cifra depende el resultado de una carrera.

### Quíntuple Plus

Se trata de una apuesta hípica. Debe predecirse el caballo ganador de 5 carreras, pudiendo también apostar como complemento sobre el caballo en segunda posición en la quinta carrera.

## Organización Nacional de Ciegos Españoles (ONCE)

Por su parte el otro operador de loterías, la Organización Nacional de Ciegos Españoles (ONCE) se crea en 1938, y es una corporación de Derecho Público de carácter social y base asociativa privada que se rige por su normativa específica. Como particularidad respecto al resto de operadores estatales, que son regulados por la DGOJ, la ONCE es regulada por el Consejo de Protectorado de la ONCE.

Dentro de la web www.juegosonce.es pueden accederse a los distintos juegos de loterías:

## Lotería pasiva

El Cupón de la Once, El Cuponazo y El Sueldazo son loterías pasivas que se diferencian por el día en el que se juegan y la relación coste-probabilidad de ganar y premios potenciales a obtener por los participantes.

## Lotería activa

El Eurojackpot, Super Once, Mi Dia y Triplex de la Once son loterías activas que se diferencian por el día en el que se juegan y la relación coste-probabilidad de ganar y premios potenciales a obtener por los participantes.

## Lotería instantánea o presorteada

Este tipo de lotería como su nombre indica ha sido previamente sorteada y por tanto el participante conoce si ha sido premiado de forma inmediata. Existen a fecha de esta publicación 46 distintas loterías presorteadas comercializadas por la ONCE, que es el

único operador que está autorizado a comercializar este tipo de lotería. Llama la atención que muchos de estos juegos en su versión online no tienen la apariencia de lotería, sino que su interactividad transmite la sensación de que el participante está realizando otro tipo de juego con margen para la habilidad o para un resultado suma de más de un azar, como es el caso de "El Monopoli" o el "Siete y Media". La lotería presorteada es el producto estrella de la ONCE para atraer al público menor de 24 años, pero está lejos de erigirse como su fuente principal de ingresos (suponen un 30% de su GGR).

Además de estos dos operadores de loterías también puede ser autorizada la comercialización por parte de entidades sin fines lucrativos y finalidad benéfica, como es el caso El Sorteo de Oro de la Cruz Roja.

Del mismo modo, persisten históricamente las loterías locales de Cartagena ("La casa del Niño") y Melilla ("La Rifa de Caridad")

Para estos operadores de loterías, la comercialización de boletos y billetes para la participación en los juegos de loterías se realiza a través de la red comercial y establecimientos debidamente autorizados, y a través de sus respectivas páginas web. A destacar que la venta online de este tipo de juego es puramente marginal, ya que la venta presencial supuso en 2019 el 99,6% del margen de juego o GGR de los operadores de lotería, lo que supone un importe de 4.527,1 millones de euros de GGR en el canal presencial en contraposición de tan solo 16,8 millones de euros de GGR en el canal online (que en este caso es conseguido casi exclusivamente por la ONCE, operador de lotería online por antonomasia).

No hay que olvidar que la reserva de actividad opera solo a nivel estatal, por lo que pueden autorizarse, en el marco de las competencias de las Comunidades Autónomas, loterías de ámbito autonómico, como es el caso de la lotería de Cataluña (La Grossa), regulada y supervisada por La Entitat Autónoma de Jocs y Apostes (EAJA).

Según datos de la DGOJ, en 2019 las cifras de GGR fueron 3.416,7 M € para la SELAE, 1.061,9 M € para la ONCE, 32.2 M € para la Cruz Roja y 32.2 M € para loterías autonómicas.

Es criticable el régimen de monopolio que el Estado guarda para sí con la reserva de la lotería estatal a dos operadores (más la autorización excepcional a entidades sin fines lucrativos), toda vez que no aplican el Impuesto sobre el Juego (salvo La Quiniela, Quinigol y Quíntuple Plus de la SELAE) y gozan de un régimen publicitario más favorable. Todo ello, según se justifica, en base a un supuesto riesgo de fraude y criminalidad en un afán también supuestamente proteccionista de los consumidores. Estas razones no justifican dicha reserva. Dicho en palabras del Tribunal Superior de Justicia de la Unión Europea en sentencia de fecha 6 de noviembre de 2003 (Caso Gambelli), "(...) *en la medida en que las autoridades de un Estado miembro inducen e incitan a los consumidores a participar en loterías, juegos de azar y otros juegos de apuestas para que la Hacienda Pública obtenga beneficios económicos, las autoridades de dicho Estado no están legitimadas para invocar como razón de orden público social la necesidad de reducir las oportunidades de juego (...)*".

## Concursos

Están regulados por la Orden EHA 3084/2011, de 8 de noviembre por la que se aprueba la reglamentación básica de los concursos. Esta regulación puede ser desarrollada por la DGOJ en las licencias particulares otorgadas y complementada por las reglas particulares de carácter privado que los distintos operadores propongan junto a su solicitud de licencia singular y una vez aprobadas sean publicadas en su sitio web.

Se entiende por concursos aquella modalidad de juego en la que su oferta, desarrollo y resolución se desarrolla por un medio de comunicación ya sea de televisión, radio, Internet u otro, siempre que la actividad de juego esté conexa o subordinada a la actividad principal. En esta modalidad de juego para tener derecho a la obtención de un premio, en metálico o en especie, la participación se realiza, bien directamente mediante un desembolso económico, o bien mediante llamadas telefónicas, envío de mensajes de texto o cualquier otro procedimiento electrónico, informático o telemático, en el que exista una tarificación adicional, siendo indiferente el hecho de que en la adjudicación de los premios intervenga, no solamente el azar, sino también la superación de pruebas de competición o de conocimiento o destreza. Si no hay desembolso económico por el participante no se considera concurso.

Los concursos consisten en la obtención de un premio, en metálico o en especie, que se adjudica a aquel participante que, de conformidad con las reglas particulares, resulta ganador, sea exclusivamente por azar, sea por la superación de determinadas pruebas de competición, conocimiento o destreza en las que el azar intervenga de cualquier modo y fase del desarrollo de la actividad.

No se entenderán por concurso aquellos programas en los que aun existiendo premio el concursante no realice ningún tipo de desembolso económico para participar.

El operador debe notificar a la DGOJ las reglas particulares de los concursos al menos con una antelación de 7 días con respecto a la comercialización del mismo.

El operador deberá señalar, además del resto de indicaciones que deben constar en el resto de juegos, la información sobre el importe total a satisfacer por la participación en el concurso, el porcentaje de la recaudación que será destinado a premios, el importe o el valor de los premios que el participante pudiera obtener, el número máximo de participaciones y la probabilidad teórica de obtener el premio o los premios en función del número de participantes. En los casos en los que la participación se realice por medio de una cuenta de juego, el operador de juego deberá informar al participante del importe que ha dedicado a la participación en el concurso y del saldo de la cuenta.

La información sobre el precio de la participación deberá ofrecerse en la invitación a participar y, cuando el medio soporte del desarrollo del concurso sea la televisión, durante todo el tiempo en que se realice la promoción o publicidad del concurso, debiendo presentarse, al menos, de forma estática, y en caracteres adecuados para su perfecta visualización o percepción. En anuncios difundidos por radio y televisión, siempre que se comunique de forma oral el medio o número para la participación en el concurso, se deberá informar verbalmente el precio total de la participación en el concurso.

El importe máximo de la participación en un concurso será de 6 euros.

El valor máximo de los premios que pueden ser obtenidos por el conjunto de los participantes en un concurso será de un millón de euros.

Según los datos de la DGOJ, las cifras anuales de GGR de los concursos son muy oscilantes. De este modo en 2014 se obtuvieron 4,4 M €, que pasaron a 6,9M € en 2016, 1 M € en 2018 y 2,7 M € en 2019.

## Rifas

Se entiende por rifa aquella modalidad de juego consistente en la adjudicación de uno o varios premios mediante la celebración de un sorteo o selección por azar, entre los adquirientes de billetes, papeletas u otros documentos o soportes de participación, diferenciados entre sí, ya sean de carácter material, informático, telemático o interactivo, en una fecha previamente determinada, y siempre que para participar sea preciso realizar una aportación económica. El objeto de la rifa puede ser un bien mueble, inmueble, semoviente o derechos ligados a los mismos, siempre que no sean premios dinerarios.

Debemos destacar que la modalidad de rifa con carácter permanente no se halla regulada, por lo que su realización está prohibida en aplicación del artículo 5.3 de la Ley 13/2011, de 27 de mayo, de regulación del juego.

Por tanto, actualmente, solo es posible la realización de rifas con carácter ocasional o esporádico, entendiéndose por tal la que no se celebra periódica o permanentemente, al menos una vez al año. Los juegos ocasionales o esporádicos no pueden formar parte de la actividad ordinaria de las entidades que los organizan.

Más adelante entramos al detalle acerca de los requisitos que deben cumplirse para poder solicitar una autorización para su celebración ocasional.

# Apuestas

Se entiende por apuesta, cualquiera que sea su modalidad, aquella actividad de juego en la que se arriesgan cantidades de dinero sobre los resultados de un acontecimiento previamente determinado cuyo desenlace es incierto y ajeno a los participantes, determinándose la cuantía del premio que se otorga en función de las cantidades arriesgadas u otros factores fijados previamente en la regulación de la concreta modalidad de apuesta.

La unidad mínima de apuesta se refiere a la cantidad que se corresponde con el importe mínimo que puede jugarse en cada apuesta.

Se clasifican en función del acontecimiento en apuestas deportivas, hípicas y otras apuestas:

**Apuestas deportivas:** es el concurso de pronósticos sobre el resultado de uno o varios eventos deportivos, incluidos en los programas previamente establecidos por la entidad organizadora, o sobre hechos o actividades deportivas que formen parte o se desarrollen en el marco de tales eventos o competiciones por el operador de juego.

**Apuestas hípicas:** es el concurso de pronósticos sobre el resultado de una o varias carreras de caballos incluidas en los programas previamente establecidos por el operador de juego, o sobre hechos o circunstancias que formen parte o se desarrollen en el marco de tales carreras y que hayan sido previamente establecidos en el correspondiente programa por el operador. En ningún caso podrán ser objeto de estas apuestas eventos en los que participen otros animales distintos a los caballos.

**Otras apuestas:** es el concurso de pronósticos sobre el resultado de uno o varios eventos distintos de los deportivos y los hípicos, pertenecientes al ámbito de la sociedad, los medios de comunicación, la política, la economía, los espectáculos, la cultura, u otros similares, incluidos en los programas previamente establecidos por el operador de juego. Un ejemplo de esta categoría puede ser el resultado de un "reality show" de televisión (muy frecuentes en Reino Unido y cada vez más en EEUU).

El evento es el acontecimiento previamente determinado por el operador en el correspondiente programa, cuya organización corresponde a personas, asociaciones o entidades independientes del operador, y que presenta un desenlace incierto y ajeno al operador de juego y a los participantes. Conviene mencionar que la Resolución de 11 de julio de 2019, de la Dirección General de Ordenación del Juego, prohíbe ofrecer apuestas sobre eventos que sean protagonizados exclusiva o mayoritariamente por menores de edad. A este respecto se entiende que son protagonizados aquellos eventos que sólo permita que participen personas con edad de 18 años o menos.

Se entiende por evento suspendido al evento que, una vez iniciado, ha sido interrumpido antes de llegar a su final programado. Los eventos suspendidos pueden ofrecer resultados válidos si así se establece en las reglas particulares de las apuestas.

Se entiende por evento anulado al evento que, por razones ajenas al operador de juego y a los participantes, no se inicia en el momento programado para ello. El evento aplazado supone el aplazamiento de los resultados del juego, salvo que las reglas particulares del juego establezcan lo contrario y determinen que un evento lo sustituya.

El operador fijará en su programa los eventos, y las partes o aspectos de ellos, sobre los que se pretende comercializar las apuestas, y deberá ser notificado a la DGOJ con una antelación mínima de 10 días antes de la fecha de inicio de la participación. La DGOJ a la vista del programa, podrá acordar motivadamente la suspensión del mismo o, en su caso, instar al operador a que realice los cambios que sean precisos para asegurar la protección de los participantes y del interés público.

En ningún caso podrán realizarse apuestas sobre los siguientes tipos de eventos:

a) Eventos que atenten contra la dignidad de las personas, el derecho al honor, a la intimidad personal y familiar y a la propia imagen, contra los derechos de la juventud y de la infancia o contra cualquier derecho o libertad reconocido constitucionalmente.

b) Eventos cuyo resultado pueda no gozar de la suficiente certeza para que sea posible su acreditación por un tercero imparcial.

c) Eventos en los que no quede acreditada la imposibilidad de que el operador de las apuestas pueda influir en el organizador del evento para la determinación del resultado.

d)   Eventos   protagonizados   exclusivamente   o mayoritariamente   por   menores,   como   ya   hemos señalado anteriormente.

En aquellos eventos que sean organizados por alguna empresa, persona, o entidad pública o privada en general, donde el organizador emita de forma pública y cierta el resultado del evento o del aspecto del evento objeto de las apuestas, se considerará como resultado válido el determinado por la entidad organizadora.

En caso contrario, el resultado será determinado por el operador en base a las pruebas escritas, gráficas, testimoniales, etc., que reúna, y que deberán provenir preferentemente de fuentes públicas. Siempre que ello resulte posible, estas pruebas deberán ser accesibles para su consulta por los participantes a través de la página web del organizador. En el supuesto de que dicha accesibilidad no sea posible, se mostrarán por cualquier otro medio de consulta accesible para los participantes. Para la resolución de posibles discrepancias, los operadores deberán ofrecer en sus reglas particulares su sometimiento obligatorio a la decisión de un sistema de mediación y arbitraje realizado por entidades imparciales radicadas en España, sin perjuicio de las potestades de supervisión de la DGOJ.

En función de la organización y distribución de las sumas apostadas se clasifican en apuestas mutuas, apuestas de contrapartida y apuestas cruzadas:

**Apuestas mutuas:** son aquellas en la que un porcentaje de la suma de las cantidades apostadas se distribuye entre aquellos apostantes que hubieran acertado el resultado a que se refiera la apuesta. Las órdenes reguladoras correspondientes prescriben que debe distribuirse entre el 50 y 75% de los fondos de la recaudación obtenida en las apuestas deportivas mutuas, y entre el 50 y 85% para el caso de las apuestas hípicas mutuas.

Recordamos que las apuestas mutuas, básicamente La Quiniela, quedan reservadas a la SELAE.

**Apuestas de contrapartida:** son aquellas en la que el apostante apuesta contra un operador de juego, siendo el premio a obtener el resultante de multiplicar el importe de los pronósticos ganadores por el coeficiente que el operador haya validado previamente para los mismos.

El coeficiente de apuesta es definido como la cifra que determina la cuantía que corresponde pagar a una apuesta ganadora al ser multiplicada por la cantidad apostada. Si no se establece lo contrario, en el coeficiente estará incluido el importe correspondiente a la devolución de importe inicialmente aportado por el apostante que ha conseguido premio. Cada operador de apuestas deportivas, hípicas o de otro tipo de eventos, de contrapartida fijará los coeficientes asociados a las apuestas que comercializa, en función de su iniciativa y de las probabilidades de que el resultado de dicho pronóstico se produzca. Estos coeficientes podrán variar a lo largo del plazo de realización de las apuestas. El coeficiente fijado en cada momento para una apuesta concreta será único, es decir, que cada apuesta de contrapartida que se realice quedará vinculada al coeficiente vigente para esa apuesta en el momento de su realización y no se verá afectada por los cambios posteriores que pueda sufrir el coeficiente.

El precio de las apuestas de contrapartida será el establecido por cada operador de juego en sus reglas particulares.

**Apuestas cruzadas:** son aquellas en que un operador actúa como intermediario y garante de las cantidades apostadas entre terceros, detrayendo las cantidades o porcentajes que previamente el operador hubiera fijado. La apuesta cruzada resulta de la casación de una oferta de apuesta a favor y de otra oferta de apuesta en contra, ambas emitidas por participantes, sobre un determinado evento y hecho apostable.

La disposición transitoria única de la orden reguladora de las apuestas cruzadas establece que los operadores de juego no podrán ofrecer apuestas cruzadas de carácter hípico en tanto no se determine legalmente el tipo de gravamen aplicable a este tipo de apuesta.

El operador debe indicar los siguientes extremos, además del resto de indicaciones que deben constar en el resto de apuestas:

- Período de realización de ofertas de apuestas.

- Periodo de vigencia de las ofertas de apuestas.

- Eventual beneficio y cantidad arriesgada que el participante asume según su oferta de apuesta.

- Comisiones del operador.

- Premio que el participante hubiera obtenido, importe arriesgado, y saldo de su cuenta de juego, una vez resuelta la apuesta y en caso de resultar ganadora.

- Histórico de ofertas de apuestas pendientes y de apuestas casadas del participante, con reseña del importe arriesgado y en su caso de los premios obtenidos.

- La existencia de mecanismos automáticos de modificación y cancelación de ofertas de apuestas.

Dentro del marco establecido por el operador en su programa de eventos y hechos apostables, la participación en apuestas cruzadas se realizará mediante la remisión de la oferta de apuesta cruzada al operador, esperando su aceptación por parte de otro u otros participantes, o bien aceptando alguna de las ofertas de apuestas realizadas por otros participantes y publicadas por el operador de juego en su plataforma. Esta aceptación supone una oferta de apuesta en sentido contrario al emitido por el oferente inicial.

Iniciado el evento sobre el que realizar ofertas de apuestas cruzadas, no podrán remitirse al operador ofertas de apuestas sobre dicho evento por importe superior al saldo de libre disposición de la cuenta del usuario en el momento de iniciarse dicho evento.

El operador de juego casará las ofertas de apuestas de acuerdo con el orden en que hayan sido recibidas en su plataforma y quedarán vinculadas a la mejor cuota disponible en ese momento. Aquellas ofertas de apuestas que no hayan sido casadas dentro del límite temporal determinado por el participante, en el caso de que las reglas particulares permitan tal determinación, serán automáticamente canceladas, procediéndose al desbloqueo inmediato de los importes correspondientes a las cantidades arriesgadas en la oferta de apuesta cancelada.

El hecho de la casación no dará lugar a tipo alguno de acuerdo o contrato entre los participantes que hayan realizado las ofertas de apuesta, los cuales estarán vinculados única y contractualmente con el operador. La casación de ofertas de apuestas quedará limitada a la cantidad arriesgada que establezca el oferente, y siempre con el límite del importe depositado por el oferente en su cuenta de juego en el momento en que se realiza la oferta de apuesta.

En principio, las apuestas cruzadas deben ser anónimas entre los participantes, es decir, que los participantes no conocen la identidad de los otros participantes que remitan ofertas de apuestas o acepten las ya publicadas por el operador. Sin embargo, el operador puede solicitar la exención de casar las ofertas a la mejor cuota disponible y de mantener el anonimato entre los participantes, así como de publicitar las ofertas en la plataforma del operador, de cara a permitir la interacción directa entre los participantes. Esta exención puede solicitarse en la propia solicitud de licencia particular o en un momento posterior. EL operador fijará los límites económicos y condiciones aplicables y adoptará las medidas oportunas para evitar el fraude, ya que como veremos más adelante, las apuestas cruzadas si no son anónimas se prestan a conductas encaminadas al blanqueo de capitales.

En función del número de resultados del evento sobre los que se realiza la apuesta se clasifican en apuestas simples, múltiples o combinadas:

**Apuestas simples.** Se entiende por apuesta simple, al pronóstico que se realiza sobre un único resultado de un único evento. El importe mínimo según la orden reguladora correspondiente es de 0,50€ tanto para apuestas deportivas simples como para apuestas hípicas simples.

**Apuestas múltiples**. Se entiende por apuesta múltiple, al pronóstico que se realiza simultáneamente sobre dos o más resultados de un acontecimiento. El importe mínimo según la orden reguladora correspondiente es de 0,20€ tanto para apuestas deportivas múltiples como para apuestas hípicas múltiples.

**Apuestas combinadas**. Se entiende por apuesta deportiva mutua combinada, al pronóstico que se realiza simultáneamente sobre los resultados de dos o más acontecimientos. El importe mínimo según la orden reguladora correspondiente es de 0,20€ tanto para apuestas deportivas combinadas como para apuestas hípicas combinadas.

En función del momento en el que se puede realizar la apuesta se clasifican entre apuestas convencionales y apuestas en directo:

**Apuesta convencional.** Es aquella clase de apuesta cuyo plazo para ser realizada deberá estar cerrado con anterioridad a que el evento se inicie. En el caso de apuestas múltiples o combinadas, el plazo de realización deberá estar cerrado con anterioridad a que se celebre el primer evento por orden cronológico de los contenidos en la apuesta.

**Apuesta en directo**. Es aquella clase de apuesta que se realiza durante el tiempo de celebración del evento sobre el que se basa, bien durante su totalidad o bien durante la parte del mismo que establezca el operador en su programa de apuestas.

<u>La limitación de las apuestas deportivas de contrapartida en directo</u>.

Con carácter general existe una limitación para las apuestas deportivas de contrapartida en directo, y es que la apuesta no podrá exceder del importe del saldo que el participante tenga en su cuenta de juego en el momento en que se inicie el evento deportivo en el que se realizarán las apuestas. Si una vez iniciado el acontecimiento se produce el registro del usuario se entenderá que el importe de libre disposición del jugador será cero.

Si durante el transcurso del evento en que se estén realizando apuestas, el participante ingresase en su cuenta de juego alguna cantidad adicional, proveniente exclusivamente de los premios ganados como consecuencia de las apuestas realizadas en directo sobre ese evento, este importe ingresado podrá dedicarse también a la realización de nuevas apuestas en directo en ese mismo evento.

En el caso de que un mismo participante realice apuestas de contrapartida en directo en dos o más eventos deportivos que se celebren simultáneamente, el límite de las cantidades que el participante puede dedicar a las apuestas será el importe del saldo que el participante tenga en su cuenta de juego en cada momento, en aplicación de lo que hemos señalado anteriormente.

La regulación de las apuestas se recoge en cada una de las órdenes ministeriales específicas, y puede ser desarrollada por la DGOJ en las licencias particulares otorgadas y complementada por las reglas particulares de carácter privado que los distintos operadores propongan junto a su solicitud de licencia singular y una vez aprobadas sean publicadas en su sitio web.

A continuación, podemos observar un esquema con la normativa aplicable a cada una:

- Apuestas deportivas:
    - Mutuas (orden EHA 3081/2011, de 8 de noviembre)
    - De contrapartida (orden EHA 3080/2011, de 8 de noviembre)
    - Cruzadas (orden HAP 1369/2014, de 25 de julio)
- Apuestas hípicas:
    - Mutuas (orden EHA 3083/2011, de 8 de noviembre)
    - De contrapartida (orden EHA 3082/2011, de 8 de noviembre)
    - Cruzadas (orden HAP 1369/2014, de 25 de julio) [prohibidas en tanto no se regule el tipo de gravamen según Disposición Transitoria]
- Otras apuestas:
    - Mutuas (No reguladas)
    - De contrapartida (orden EHA 3079/2011, de 8 de noviembre)
    - Cruzadas ((orden HAP 1369/2014, de 25 de julio)

En términos de relevancia comparativa, tenemos que destacar que más del 97% del CGR se obtiene de las apuestas deportivas de contrapartida, tanto en su modalidad en directo como las convencionales. A continuación, podemos ver para el año 2019 la cuota de mercado según modalidad de apuesta en base a datos extraídos de los estudios de la DGOJ:

| Tipo de apuesta | GGR (M €) | Cuota |
|---|---|---|
| Cruzadas | 214,11 | 0,06% |
| Deportiva de contrapartida convencionales | 140.329,22 | 37,09% |
| Deportiva de contrapartida en directo | 228.454,81 | 60,39% |
| Deportivas mutuas | -4.337,00 | 0,00% |
| Hípicas de contrapartida | 4.805,80 | 1,27% |
| Hípicas mutuas | 0,00 | 0,00% |
| Otras apuestas de contrapartida | 4.498,74 | 1,19% |

## Otros juegos

Bajo "otros juegos" se categorizan aquellos distintos de las loterías, las apuestas, las rifas y los concursos, en los que exista un componente de aleatoriedad o azar y en los que se arriesguen cantidades de dinero u objetos económicamente evaluables.

Dentro de esta categoría se ha regulado hasta la fecha la siguiente clasificación:

- Máquinas de azar

- Black Jack

- Bingo

- Punto y Banca

- Póquer

- Ruleta

- Juegos complementarios

A continuación, podemos ver el CGR (en millones de euros) y la cuota que ocupan los distintos juegos, según datos de la DGOJ:

| Juego | GGR (M €) | Cuota | |
|---|---|---|---|
| Black Jack | 23.213,69 | 6,22% | |
| Juegos complementarios | 0 | 0% | |
| Máquinas de azar | 157.032,19 | 42,09% | |
| Punto y Banca | 5.314 | 1,42% | |
| Ruleta convencional | 34.186,06 | 9,16% | 24,92% |
| Ruleta en vivo | 58.799,55 | 15,76% | |
| Póquer Cash | 30.689,20 | 8,23% | 21,93% |
| Póquer Torneo | 51.133,28 | 13,71% | |
| Bingo | 12.694,92 | 3,40% | |

## Máquinas de azar (slots)

Están reguladas por la Orden HAP 1370/2014, de 25 de julio por la que se aprueba la reglamentación básica del juego de máquinas de azar.

Esta regulación puede ser desarrollada por la DGOJ en las licencias particulares otorgadas y complementada por las reglas particulares de carácter privado que los distintos operadores propongan junto a su solicitud de licencia singular y que una vez aprobadas sean publicadas en su sitio web.

Las máquinas de azar serían el equivalente a las máquinas tipo C en contexto del juego presencial.

Se define el juego de máquinas de azar como aquel en el que, a cambio del precio de la partida, se concede al usuario un tiempo de uso con el objetivo de obtener una combinación de signos o representaciones gráficas que, de conformidad con las reglas particulares del juego, resulte agraciada con un determinado premio. No tendrá la consideración de juego de máquinas de azar aquel juego cuyos elementos esenciales sean propios de otros juegos ya regulados.

En este contexto hablamos de:

Partida, para referirnos a cada activación, con coste para el participante, del sistema de determinación de una combinación de signos o representaciones gráficas, incluidas, en su caso, las evoluciones metamórficas derivadas de aquélla. La partida finalizará con la determinación del resultado y en su caso la asignación del premio preestablecido. La duración mínima de cada partida será de 3 segundos.

Sesión de juego, para referirnos al conjunto de partidas realizadas por el participante, ya sea en una o en varias máquinas de azar, durante el periodo de tiempo delimitado por cada una de sus conexiones al juego de máquinas de azar del operador de juego.

Bote progresivo, para referirnos al premio acumulado que el operador de juego conforma a partir de cantidades obtenidas de las participaciones de los jugadores. En ningún caso se podrán ofrecer botes garantizados, entendiendo por tales aquéllos que tienen su origen en todo o en parte en los fondos propios del operador de juego o procedan de fuentes diferentes a las participaciones en el juego.

El operador deberá indicar los siguientes extremos, además del resto de indicaciones que deben constar en el resto de juegos:

- Expectativa matemática de retorno del juego, calculada sobre el plazo de un año, así como el porcentaje real de devolución de premios sobre cantidades jugadas de cada uno de los juegos en cada uno de los seis meses precedentes. Se excluirán del cálculo de dicho porcentaje los premios derivados de botes, sin perjuicio de la información que adicionalmente el operador considere proporcionar en relación con éstos.

- Importe máximo y mínimo de cada partida.

- Modo de desarrollo de cada partida, ya sea modo automático o manual.

- Descripción de las combinaciones ganadoras y de los premios asignados a cada combinación ganadora.

- Durante el transcurso de cada sesión, saldo de la sesión destinada al juego de máquinas de azar con desglose de los importes de participación y premios en su caso obtenidos. Esta información estará visible en la interfaz del juego desde el inicio de la sesión destinada al juego de máquinas de azar.

- Histórico de los importes jugados y premios obtenidos en cada sesión destinada al juego de máquinas de azar, así como el saldo resultante de los anteriores.

- Porcentaje del importe de la participación del jugador que se destina a la formación del bote.

- Tiempo del jugador transcurrido y dinero gastado en la sesión de juego.

Como se puede apreciar, todo lo anterior es una materialización de la preocupación por el legislador en la instauración de políticas de juego responsable.

Otra de las previsiones que van en este sentido es la referida al límite de gasto en el juego y al límite de juego de la sesión: la cantidad de dinero que un mismo participante puede dedicar a la participación en el juego de máquinas de azar no podrá exceder del importe del saldo que el participante tenga en su cuenta de juego en el momento en que se inicie la sesión destinada al juego de máquinas de azar, incrementado en el importe de los premios en su caso obtenidos en dicha sesión.

Por su parte, el participante, antes de iniciar la sesión destinada al juego de máquinas de azar, deberá establecer el tiempo máximo que está dispuesto a emplear y la pérdida máxima que está dispuesto a asumir de su cuenta de juego a lo largo de dicha sesión, de modo que saltará con la frecuencia configurada dicho aviso (el intervalo mínimo será de 15 minutos a contar desde el inicio de sesión). Esta determinación deberá realizarse expresamente, cada vez que se acceda a la sesión destinada al juego de máquinas de azar, sin que se puedan predeterminar por defecto estos valores ni guardar los establecidos en sesiones anteriores. Cuando el participante, en el transcurso de los 60 minutos siguientes a la finalización de la sesión destinada al juego de máquinas de azar, inicie una nueva sesión, el operador, previamente a realizar dicha conexión, deberá activar un aviso que ponga de manifiesto la conveniencia de desarrollar un comportamiento de juego responsable, así como de las implicaciones que se derivan de una frecuencia excesiva de juego desde un punto de vista de juego compulsivo o patológico. A tales efectos, dentro de dicho aviso el operador incluirá un vínculo que permita el redireccionamiento a información sobre las acciones preventivas contra el juego patológico recogidas en su Plan Operativo, así como, en su caso, a aquélla que disponga la DGOJ.

La participación en el juego de máquinas de azar podrá realizarse:

- En el modo manual, en cuyo caso la partida comenzará en el momento en el que el participante active manualmente la función de determinación de la combinación de signos resultante.

- En el modo automático, en cuyo caso la partida se iniciará una vez configurada dicha forma de juego. No se podrá configurar en modo automático más de 100 partidas, y en todo caso, en cualquier momento se podrá abandonar el modo automático.

## Black Jack

Se cree que este juego es de origen español, teniendo como precursor "la veintiuna". Este juego aparece descrito en la novela "Rinconete y Cortadillo", de Miguel de Cervantes, publicada en 1613, lo que hace indicar que se jugaba a este juego en la Castilla del siglo XVII. Se piensa que el juego fue popularizado por los colones franceses en Estados Unidos en el siglo XIX. Algunos casinos ofrecían la apuesta "Black Jack" consistente en pagar 10 veces lo apostado si el participante ganaba con la J ("Jack") de trébol o picas (los palos negros), por lo que acaba llamándose al juego el "Black Jack"[9].

---

[9] https://es.wikipedia.org/wiki/Blackjack

Está regulado por la Orden EHA/3088/2011 de 8 de noviembre por la que se aprueba la reglamentación básica del juego Black Jack. Esta regulación puede ser desarrollada por la DGOJ en las licencias particulares otorgadas y complementada por las reglas particulares de carácter privado que los distintos operadores propongan junto a su solicitud de licencia singular y que una vez aprobadas sean publicadas en su sitio web.

Se entiende por juego de Black Jack aquel juego de azar practicado con naipes, en que los participantes juegan contra el operador de juego (que recibe la denominación de Banca), siendo el objeto del juego alcanzar veintiún puntos o acercarse a ellos sin pasar de ese límite. En definitiva, el objetivo es conseguir una mano de naipes con la suma de veintiún puntos o una suma inferior pero superior al valor de la mano que juega la banca. La ventaja del casino reside en que el jugador pide carta en primer lugar, y por tanto se arriesga a pasarse de 21, que en caso de hacerlo pierde automáticamente sin posibilidad de empatar con la banca en caso de que ésta se pase también. A favor del jugador está la opción de plantearse con 16 o menos y esperar que la Banca se pase, algo que no le está permitido a la Banca.

**El Black Jack (Clásico o Europeo)** Se juega con 6 barajas inglesas de 52 cartas cada una (excluidos los comodines salvo en algunas de las variantes). Los valores de las cartas son:

a) Las figuras tienen un valor de diez puntos.

b) El as tiene un valor de un punto o de once, según convenga al participante.

c) El resto de cartas tienen su valor nominal.

En el Black Jack se pueden establecer mesas de juego en las que los participantes pueden apostar simultáneamente, y pueden vincular su apuesta a su propia jugada, pero también a la mano de otro participante. En todo caso, todas las apuestas que realicen los participantes deberán ser a título individual y de contrapartida contra la banca, y no podrán admitirse apuestas conjuntas o mancomunadas de participantes con el operador, ni cruzadas entre todos o algunos de los participantes.

La licencia singular debe identificar el tipo de Black Jack que se va a comercializar, de entre los siguientes tipos regulados, que presentan las siguientes variantes frente al ya descrito Black Jack Clásico:

- **Black Jack Americano.** Presenta las siguientes diferencias:

  a) Al inicio de la partida, la banca se repartirá a sí misma un segundo naipe que permanecerá vuelto del revés.

  b) En la apuesta doble, el participante podrá doblar su apuesta con independencia del número de puntos que haya obtenido con los dos primeros naipes que le hayan sido repartidos.

  c) Se establece un nuevo tipo de jugada, llamada "dinero igual". En esta jugada, cuando el participante tiene un Black Jack y la Banca tiene un as como su carta descubierta, el participante puede optar por la opción "dinero igual", por la que la Banca paga la jugada al mismo importe que cualquier jugada, en lugar del establecido para el Black Jack, renunciando a comprobar si ella misma también tiene un Black Jack y, por tanto, si se ha producido empate.

Se dice que el Black Jack Americano es más favorable para el jugador que el Black Jack Europeo, en tanto que el jugador sabrá desde el primer momento si la Banca tiene Black Jack (antes de poder aumentar la apuesta) dado que en el Black Jack Europeo se conocerá al final, después de que los jugadores hayan tenido la opción de aumentar la apuesta inicial.

- **Black Jack Surrender.** En realidad, es una variante del Black Jack Clásico o del Black Jack Americano en la que los participantes pueden abandonar la mano que se está jugando, recuperando la mitad del importe de su apuesta y perdiendo la otra mitad a favor de la banca. La puntuación con la que los participantes puedan ejercer la opción de abandonar podrá ser cualquiera o aquella que establezcan los operadores en sus reglas particulares.

- **Pontoon.** En esta variante se juega con 8 barajas de 52 cartas en lugar de 6 barajas. Las diferencias con el Black Jack Clásico son:

> a) Hay dos manos que superan a un 21 o Black Jack: Pontoon (un As y un diez o una J, Q o K) y el Five Card Trick (cuando el participante llega a tener cinco cartas sin pasarse de 21, sin importar el valor total de la mano). Ambas manos pagan 2 a 1.

> b) Las dos cartas del crupier permanecerán boca abajo hasta que el participante se plante o se pase de 21.

c) No existe ninguna opción de seguro.

d) Cuando haya un empate, la banca ganará.

e) Al inicio de la mano, el crupier revisará sus cartas. Si el crupier tiene un Pontoon, sus cartas se descubrirán inmediatamente y el participante perderá su apuesta.

f) El participante no podrá plantarse hasta que el valor de su mano sea de al menos 15.

g) El participante podrá pedir todas las cartas que desee después de doblar.

h) El participante solamente podrá separar cartas que sean iguales. Por ejemplo, podrá separar dos ochos o dos reinas, pero no una reina y un rey, aunque tengan el mismo valor en puntos.

- **Black Jack Super 21.** En esta variante se juega con el número de barajas que cada operador establezca en las reglas particulares del juego. Las diferencias con el Black Jack Clásico son:

    a) El Black Jack del jugador se pagará al mismo importe que la apuesta realizada, excepto cuando la jugada del Black Jack esté compuesta por dos cartas del palo o serie de diamantes, caso en que se pagará 2 a 1.

    b) El Black Jack del participante gana al Black Jack de la banca.

c) Cuando un participante obtiene una jugada de 6 cartas que totalicen 20 o menos, gana automáticamente.

d) Cuando un participante obtiene una jugada de 6 cartas que totalicen 21, gana automáticamente y la banca paga 2 a 1.

e) En la apuesta doble, el participante podrá doblar su apuesta con independencia del número de puntos que haya obtenido con los dos primeros naipes que le hayan sido repartidos.

f) El participante puede abandonar la mano que se está jugando, recuperando la mitad del importe de su apuesta y perdiendo la otra mitad a favor de la banca, independientemente de la puntuación que haya obtenido con sus cartas, e incluso después de haber doblado la apuesta.

## Bingo

Se piensa que fue una de las primeras formas de juego popular, aunque los historiadores no coinciden en cuanto a si su origen data de la cultura romana o de la antigua Italia del siglo XVI. En sus inicios se cree que se insertaban en un recipiente las bolas numeradas representando a diferentes aldeas, y que sobre la base de los aciertos los caballeros y soldados eran retribuidos por su suerte. Esta retribución se usaba para construcciones o para alimentar a los ejércitos. Con el tiempo, tras la promulgación de las leyes recaudatorias romanas empezó a ser utilizado este juego para brindar diversión. En 1770 se hizo popular este juego para los franceses, que lo denominaron "*Le Lotto*" y se establecieron las reglas que conocemos en la actualidad. Posteriormente se exportó a Norte América, donde inicialmente se conocía como "*Beano*" y posteriormente como "*Bingo*".[10]

En términos de GGR, se ha mantenido más o menos estable en los últimos años, suponiendo en 2019 637,8 M € en el canal presencial (que representa el 98,05% de cuota total de bingo) y 12,7 M € en el canal online (representativo de un 1,95%, y subiendo cada año).

Está regulado por la Orden EHA/3087/2011 de 8 de noviembre por la que se aprueba la reglamentación básica del juego del Bingo. Esta regulación puede ser desarrollada por la DGOJ en las licencias particulares otorgadas y complementada por las reglas particulares de carácter privado que los distintos operadores propongan junto a su solicitud de licencia singular y que una vez aprobadas sean publicadas en su sitio web.

Se entiende por juego del bingo aquel juego de azar en el que la posibilidad de ganar depende de que se consigan formar en los cartones o tarjetas virtuales sobre los que se realiza el juego alguna de las combinaciones numéricas (o de símbolos o signos) susceptibles de obtener premio y que se obtienen mediante un sorteo celebrado a estos efectos en el que están presentes la totalidad de los números del juego.

Se entiende por tarjetas o cartones virtuales a la representación gráfica en la que los jugadores basan su participación en el juego, integrados por combinaciones numéricas distribuidas en un número predeterminado de líneas horizontales y de columnas verticales, sin

---

[10] https://es.wikipedia.org/wiki/Bingo

que nunca haya una columna sin número. Los cartones o tarjetas virtuales sólo serán válidos para una partida y no existirán dos iguales participando en la misma partida.

La partida de bingo se inicia con la venta a los participantes de las tarjetas o cartones virtuales correspondientes a esa partida, y se desarrolla mediante la extracción o determinación aleatoria de los números que van sorteándose, y que finaliza con la obtención y el pago de los premios en juego. El objetivo por tanto es formar en los cartones o tarjetas virtuales adquiridos alguna de las combinaciones susceptibles de obtener premio en el seno del sorteo. Estas combinaciones se presentan distribuidas en un número predeterminado de líneas horizontales y de columnas verticales, sin que nunca haya una columna sin número, obteniendo premio el primer participante que forma alguna de las diferentes combinaciones preestablecidas en las reglas particulares del juego para la clase que corresponda.

La distribución de los fondos se realizará en función de la recaudación obtenida en cada partida de bingo y consistirá en un porcentaje que no podrá ser inferior al 70% ni superior al 90% del importe del valor de la totalidad de los cartones o tarjetas virtuales vendidas en cada partida.

Si para cualquiera de los premios ofrecidos se hubiese completado simultáneamente más de una combinación ganadora, se repartirá el importe destinado para ese premio entre los participantes que la hubieran completado.

El importe máximo de la unidad mínima de participación en una partida de bingo es de 2 euros.

El número máximo de cartones o tarjetas virtuales a jugar por un jugador en una partida será el establecido en las reglas particulares del juego, pero nunca superior a 24 cartones o tarjetas.

El importe máximo al que podrá ascender el conjunto de premios que pueden ser obtenidos en una partida de bingo es de 50.000 euros.

## Punto y Banca

También es denominado "*Bacará*", "*baccarat*" o "*bacarrá*". Sus normas están reguladas por la Orden EHA 3086/2011, de 8 de noviembre por la que se aprueba la reglamentación básica del juego Punto y Banca. Esta regulación puede ser desarrollada por la DGOJ en las licencias particulares otorgadas y complementada por las reglas particulares de carácter privado que los distintos operadores propongan junto a su solicitud de licencia singular y que una vez aprobadas sean publicadas en su sitio web.

Se entiende por juego de punto y banca aquel juego de azar practicado con naipes, que enfrenta a varios jugadores entre sí. El operador actúa como intermediario y garante de las cantidades apostadas entre terceros, detrayendo las cantidades o porcentajes que previamente hubiera fijado. La posibilidad de ganar del jugador es que su mano de naipes sume nueve puntos o se acerque a ellos sin pasarse y sea superior al valor de la mano que juega la banca.

La Banca aquí es la posición que ocupa en el juego el participante que juega la mano de la Banca y que, por tanto, ganará o perderá el importe de las apuestas realizadas por los restantes jugadores. Las reglas particulares establecerán el derecho de todos los jugadores a acceder a la banca de forma rotatoria, así como los casos en que perderán el derecho a continuar con ella y su paso al siguiente jugador según el orden rotatorio. Igualmente se establecerán los casos en que un participe podrá renunciar al derecho a constituirse en banca.

Deben participar un mínimo de 2 jugadores y un máximo de 20 jugadores. No obstante, lo anterior, se puede reglar que pueda jugar un único participante contra el operador, que asumirá la posición de otro jugador, sin que pueda por ello reservarse ningún privilegio.

El punto y banca se juega con 6 barajas de 52 cartas cada una, excluidos los comodines. Los naipes tienen el siguiente valor:

- Las figuras y el 10 tienen un valor de 0 puntos.

- El as tiene un valor de un punto.

- El resto de cartas tienen su valor nominal.

Si el ganador de la mano fuese la banca se mostrará el importe de la pérdida que sufren los participantes. Si el ganador fuese uno de los participantes se mostrará el importe del premio obtenido por cada uno de los participantes. Si se empate las apuestas se devuelven.

El importe máximo de las apuestas que puede hacer uno de los participantes que no ocupa el puesto de banca de cada mano asciende a 30 euros.

## El Póquer

No es pacíficamente aceptado el origen del Póquer. Parece que puede provenir del término francés "*poque*" o del término alemán "*pochen*".

Por otro lado, guarda similitud con el juego persa "*as nas*", que puede que los marineros persas enseñasen a los colonos franceses en Nueva Orleans.[11]

En términos de GGR, el Póquer supuso en 2019 28,6 M € (cuota del 35,24%) en la modalidad de Póquer Cash y 52,63M € (64,76%) en la modalidad de Póquer Torneo.

Está regulado por la Orden EHA 3089/2011, de 8 de noviembre, por la que se aprueba la reglamentación básica del juego del póquer. Esta regulación puede ser desarrollada por la Dirección General de Ordenación del Juego en las licencias particulares otorgadas y complementada por las reglas particulares de carácter privado que los distintos operadores propongan junto a su solicitud de licencia singular y que una vez aprobadas sean publicadas en su sitio web.

El Póquer es un juego de cartas o naipes en el que varios jugadores se enfrentan entre sí con el objeto de obtener alguna de las combinaciones de cartas que, de conformidad con el valor atribuido por las reglas particulares del juego y en relación a las combinaciones obtenidas por el resto de participantes que no se hubiesen retirado de la mano, le permita ganar el fondo del juego o la parte del mismo que pudiera corresponderle. En la dinámica general de juego se alternan sucesivamente rondas de reparto de cartas de la baraja inglesa, excluidos los comodines, con rondas de realización de apuestas por parte de los participantes.

---

[11] https://es.wikipedia.org/wiki/Poquer

Existen dos tipologías de Póquer:

- Póquer Cash. Modalidad de póquer en la que el participante podrá entrar o abandonar la partida cuando desee, pudiendo hacer efectivas las ganancias obtenidas en cada una de las manos en las que haya participado hasta el momento en que se produzca su retirada del juego. El fondo estará constituido por los importes de las apuestas realizadas por los participantes durante la partida una vez detraída la comisión del operador.

- Póquer Torneo. Modalidad de póquer en la que el participante está dispuesto a participar en mesas sucesivas, compitiendo hasta llegar a enfrentarse, si no abandona el juego previamente, a su contrincante o contrincantes finales. El fondo de juego se entregará al ganador o se repartirá entre un número preestablecido de finalistas. El fondo estará constituido por los importes destinados por los participantes a la formalización de las apuestas y que son abonadas junto al importe establecido por el operador como pago de su comisión.

Se necesitará una autorización de la DGOJ para que el operador pueda ofrecer premios (en dinero o en especie) distintos a los descritos para cada tipología.

El botón de reparto, en términos de la orden reguladora, o "*dealer*", como se conoce comúnmente es la figura que ejerce la función de reparto de cartas en el juego. Esta posición se va desplazando de derecha a izquierda entre los participantes al finalizar cada mano.

La apuesta inicial pequeña es la apuesta obligatoria previa al reparto de las cartas que realiza el participante situado a la izquierda del que ocupa la posición de "*dealer*".

La apuesta inicial grande es la apuesta obligatoria previa al reparto de las cartas que realiza el participante situado dos posiciones a la izquierda del que ocupa la posición de "*dealer*", cuyo importe suele duplicar la apuesta inicial pequeña.

El ante es la apuesta obligatoria previa al reparto de las cartas utilizada en algunas variantes del Póquer y consiste en la aportación de los participantes de un importe mínimo de la apuesta al fondo del juego o bote.

De conformidad con las reglas particulares aplicables, se podrá jugar de acuerdo a los siguientes modos:

-Póquer sin límite: No existe máximo de apuesta y el jugador podrá apostar cualquier cantidad de la que disponga en la mesa antes de comenzar la mano.

-Póquer con límite: Dependiendo de la variante de juego elegida, los jugadores no podrán subir su apuesta en más del importe equivalente al doble de la apuesta inicial grande.

-Póquer limitado al bote: El máximo de apuesta de los participantes está limitado por el importe del bote en juego.

Limitaciones aplicables

En las versiones de juego no limitado y de juego limitado al bote, el operador no podrá ofrecer mesas donde el importe de la apuesta inicial grande sea superior a 10 euros.

En las mesas cash el importe con el que el jugador podrá participar será el resultado de multiplicar la apuesta inicial grande de dicha mesa por 100.

En las mesas de torneos el importe total máximo para el pago de derechos de participación e inscripción en torneos no podrá ser superior a 250 euros.

Se necesitará una autorización de la DGOJ para que se puedan rebasar estos límites en eventos de póquer relacionados con iniciativas promocionales o publicitarias.

Variantes del Póquer

A continuación, se describen las variantes más comunes del Póquer que son admitidas por la regulación:

- *Texas Hold´em*: el reparto de cartas se articula en dos cartas para uso individual de cada jugador, que permanecen ocultas al resto de los participantes, y cinco cartas de uso comunitario que se muestran a todos los participantes. Las apuestas en el juego comienzan con la realización de las apuestas obligatorias pequeña y grande.

- *Omaha*: el reparto de cartas se articula en cuatro cartas para uso individual de cada jugador, que permanecen ocultas al resto de los participantes, y cinco cartas de uso comunitario que se muestran a todos los participantes. Las apuestas en el juego comienzan con la realización de las apuestas obligatorias pequeña y grande.

- **Stud**: el reparto de cartas se articula en la entrega sucesiva de cartas para uso individual de cada jugador, en la que se alternan cartas cubiertas y descubiertas, hasta llegar a 5 ó 7 cartas en función de la versión del juego elegida. Las apuestas iniciales comienzan con las apuestas denominadas "ante" que consisten en la realización de una apuesta por participante y en las que la ronda de apuestas es iniciada por el jugador que posea la carta descubierta con valor más elevado, o más bajo, según la versión del juego definida en las reglas particulares del juego publicadas por el operador.

- **Draw** *("póquer tapado")*: el reparto de cartas se articula en la entrega de cinco cartas para uso individual de cada participante que permanecen ocultas para el resto. Se permite el descarte y la sustitución de cartas. Las apuestas en el juego comienzan con la realización de las apuestas obligatorias pequeña y grande.

## La Ruleta

Su nombre viene del término francés *"roulette"* ("ruedita"). Su uso como juego de azar no está documentado hasta bien entrada la Edad Media. Todo parece indicar que la ruleta como se conoce hoy en día fue ideada por el matemático francés Blaise Pascal, que ideo una ruleta de 36 números, sin la casilla 0. En 1842 los hermanos Blanc añadieron la casilla del 0 y la implementaron en el Casino de Montecarlo. Más adelante en algunas ruletas (especialmente en países anglosajones) se añadió el doble 0.[12]

Este juego está regulado por la Orden EHA 3085/2011, de 8 de noviembre, por la que se aprueba la reglamentación básica del juego de la ruleta. Esta regulación puede ser desarrollada por la DGOJ en las licencias particulares otorgadas y complementada por las reglas particulares de carácter privado que los distintos operadores propongan junto a su solicitud de licencia singular y que una vez aprobadas sean publicadas en su sitio web.

Se entiende por juego de la Ruleta aquel juego de azar en el que los participantes juegan contra el establecimiento organizador y en el que la posibilidad de ganar depende de la coincidencia de la apuesta del participante con el número, color o ubicación de la casilla en la que se detenga la representación de una bola que se pone en movimiento dentro de la representación de un disco horizontal giratorio sostenido por un eje y dividido en casillas radiales numeradas.

Una jugada (o tirada) en el juego de la ruleta se inicia con la realización de las apuestas de los participantes, desarrollándose mediante un giro y posterior detención de la bola, y finalizando con la obtención y el pago de los premios.

Podrían diferenciarse 3 tipos de ruleta:

---

[12] https://es.wikipedia.org/wiki/Ruleta

- Ruleta real (no es objeto de la regulación de la orden, en tanto que queda subsumida en el juego presencial competencia de las Comunidades Autónomas).

- Ruleta virtual.

- Ruleta en vivo.

Terminado el periodo de apuestas se podrá comenzar el giro de la ruleta. Los operadores de juego de la Ruleta no podrán prescindir de la acción de giro de la Ruleta ni ofrecer la posibilidad de ello a los participantes del juego.

La DGOJ podrá establecer el tiempo mínimo de giro de la ruleta por cada tirada que se realice y el número máximo de tiradas de ruleta que se celebren en un periodo de tiempo.

Una vez determinado el número en el que se deposite la bola, se mostrará éste y se indicará la apuesta o apuestas del participante que, en su caso, hubieran resultado ganadoras y el importe en dinero de la ganancia obtenida. La apuesta o apuestas que no hayan resultado ganadoras se retirarán por la Banca. El importe de los premios que corresponden por las apuestas ganadoras se determinará multiplicando el importe de cada una de las apuestas ganadoras por el coeficiente establecido para cada una de ellas en las reglas particulares del juego.

La "Ruleta en vivo"

Es una variante del juego de la ruleta en el que los participantes efectuarán sus apuestas por medios electrónicos, pero vinculadas al resultado de tiradas efectuadas en una mesa de Ruleta real, simultáneamente con participantes que pueden encontrarse practicando el juego en el local donde se encuentre establecida la mesa de la ruleta.

Para poder practicarse la ruleta en vivo se debe dirigir una previa solicitud a la DGOJ, en la que se deberá identificar la ubicación física en que se desarrollen las partidas de la "ruleta en vivo", que deberá corresponder a una Comunidad Autónoma que haya autorizado el juego de la ruleta y estar debidamente homologada según las normas de dicha Comunidad Autónoma. De hecho, las reglas particulares de la ruleta en vivo deben respetar las normas que al respecto se encuentren en vigor en la respectiva Comunidad Autónoma, ya que junto a las normas establecidas en la orden reguladora se aplicarán con carácter supletorio con respecto a los participantes que accedan al juego por medios electrónicos.

Los operadores que realicen ruleta en vivo deberán grabar las imágenes de todas las partidas celebradas por razones de seguridad y de cara a posibles reclamaciones durante un periodo mínimo de 1 año. Las imágenes del desarrollo de las partidas de ruleta en vivo pueden ser retransmitidas a través de internet, televisión o cualquier otro medio de comunicación.

Tipos de ruleta

La orden diferencia entre:

- Ruleta francesa o europea (aunque no es exactamente el mismo tipo de ruleta).

  Dispone de 37 casillas (36 números más la casilla de 0), lo que da una ventaja probabilística a la banca de 2,7%.

- Ruleta americana. Dispone de 38 casillas (36 números más la casilla de 0 y la casilla de doble 0), lo que da una ventaja probabilística a la banca de 5,26%.

## Juegos Complementarios

Están regulados por la Orden EHA 3090/2011, de 8 de noviembre, por la que se aprueba la reglamentación básica del tipo de juegos denominado "Juegos Complementarios". Esta regulación puede ser desarrollada por la DGOJ en las licencias particulares otorgadas y complementada por las reglas particulares de carácter privado que los distintos operadores propongan junto a su solicitud de licencia singular y que una vez aprobadas sean publicadas en su sitio web.

Esta categoría es el "cajón de sastre" en el que tienen cabida juegos de diversa naturaleza (que combinan el azar con la habilidad y la destreza, la cultura y los conocimientos, etc.) y que tienen el denominador común de que su práctica no está basada únicamente en la obtención de un lucro económico, sino que en ella predomina la diversión que proporcionan. Se habla de "catálogo" de "juegos complementarios" para referirse al conjunto de juegos del tipo "juegos complementarios" que un operador comercializa o pretende comercializar, y en el que figurarán como parte indispensable las reglas particulares de cada uno de los juegos que los componen. Dicho catálogo debe ser notificado a la DGOJ con una antelación mínima de 15 días a su fecha de inicio de comercialización y puede acordarse motivadamente la suspensión del mismo o instar al operador a realizar los cambios precisos.

El objetivo de cada tipo de juego será el definido en sus reglas particulares, pero en ningún caso su objetivo podrá ser parcial o totalmente coincidente con el objetivo de alguno de los tipos de juegos que cuenten con regulación propia dictada en aplicación de la LRJ. El importe máximo de la participación por partida se establece en un euro.

# Los títulos habilitantes para la organización y comercialización de juegos

## Prohibiciones en el Juego

En primer lugar, conviene repasar el listado de prohibiciones que afectan al juego, principalmente recogidas en la LRJ, aunque deja la puerta abierta a cualquier otra prohibición que pueda ser establecida por la normativa o por resolución de la DGOJ:

o Al ser una actividad que necesita autorización previa, queda prohibida cualquier tipo de actividad de juego que aun habiendo sido regulada no sea desarrollada por la entidad que cuenta con la autorización preceptiva a tal efecto. En este sentido, la entidad deberá constar en el Registro General de Licencias de Juego.

o Del mismo modo, aunque la entidad cuente con título habilitante de juego, está prohibida la comercialización de cualquier modalidad de juego que no haya sido específicamente regulada (y por tanto la entidad no contará con título habilitante concreto que permita el desarrollo y comercialización de esa modalidad de juego concreta).

o Desde el punto de vista subjetivo, se prohíbe la realización de juegos que:

   o Atenten contra cualquier derecho reconocido constitucionalmente, y en particular, contra la dignidad de las personas, el derecho al honor, la intimidad personal y familiar y a la propia imagen y contra los derechos de la juventud y de la infancia.

- o Se fundamenten en la comisión de delitos o infracciones administrativas.

- o Recaigan sobre eventos prohibidos por la legislación vigente.

- o Como ya hemos comentado anteriormente, se prohíben los juegos de apuestas en eventos protagonizados por menores, por resolución expresa de la DGOJ.

- o Desde el punto de vista subjetivo, se prohíbe la realización de juegos a:

  - o Menores de edad.

  - o Incapacitados legalmente o por resolución judicial.

  - o Las personas voluntariamente inscritas en el Registro General de Interdicciones de Acceso al Juego.

  - o Personas a las que les haya sido prohibido el acceso al juego por resolución judicial.

  - o Personas inscritas en el Registro de Personas Vinculadas a Operadores de Juego.

  - o Los deportistas, entrenadores y otros participantes directos en el acontecimiento o actividad deportiva sobre la que se apuesta.

  - o Los jueces y árbitros del acontecimiento o actividad deportiva y las personas que resuelvan los recursos contra sus decisiones.

  - o El presidente, consejeros y directores de la DGOJ, así como sus cónyuges, convivientes y ascendientes y descendientes en primer grado, y el personal que tenga atribuidas funciones de inspección y control en materia de juego.

En este apartado hemos nombrado ya los 3 registros que crea la Ley de Regulación del Juego y desarrolla el *Real Decreto 1614/2011, de 14 de noviembre, por el que se desarrolla la Ley 13/2011, de 27 de mayo, de regulación del juego, en lo relativo a licencias, autorizaciones y registros del juego*, a saber, el Registro General de Licencias de Juego, El Registro General de Interdicciones de Acceso al Juego y el Registro de Personas Vinculadas a Operadores de Juego. Dichos registros no tienen carácter público, quedando limitada la comunicación de sus datos a las finalidades previstas por la ley. Específicamente se prevé que no se requerirá el consentimiento de los titulares de los datos personales en él vertidos. A continuación, pasamos a analizar los dos últimos, ya que el Registro de Licencias de Juego será analizado un poco más adelante.

## El Registro General de Interdicciones de Acceso al Juego

Su finalidad es hacer efectiva la prohibición de acceso al juego, ya sea de forma voluntaria del propio interesado, por resolución judicial o por parte de un tercero interesado. Los supuestos de acceso a este registro son:

o Las personas que voluntariamente hubieran solicitado que les sea prohibido el acceso al juego.

o Las personas que presenten adicción patológica al juego, a solicitud propia o de tercero.

o Las personas declaradas incapaces o pródigas por sentencia judicial firme, y aquellas se vean afectadas por limitaciones de acceso al juego.

Debe contener al menos los siguientes datos:

a. Nombre, apellidos, sexo y fecha de nacimiento de la persona inscrita.
b. Domicilio.
c. Número del DNI o documento equivalente.
d. Fecha de presentación de la solicitud de inscripción.
e. Fecha de inscripción en el Registro.
f. Vigencia de la inscripción.
g. Causa de la inscripción.
h. Si la inscripción hubiera sido realizada por un tercero, deberá constar además el nombre, apellidos, domicilio y número del DNI o documento equivalente, así como la legitimación para solicitar la inscripción y en su caso la resolución judicial, fecha de la misma, y órgano judicial.

La inscripción se realizará en el plazo de un mes desde su solicitud desde el inicio del procedimiento de inscripción, y tendrá la siguiente vigencia:

- Las solicitadas por el interesado tendrán una vigencia indefinida hasta que sea cancelada por el mismo interesado, en un plazo no inferior a 6 meses desde la solicitud inicial de inscripción.

- Las solicitadas por un tercero serán por el tiempo que dispongan las resoluciones de que traigan causa, y a falta de plazo serán indefinidas hasta que en su caso puedan ser canceladas mediante resolución judicial que autorice la cancelación o a instancias de quien lo hubiera solicitado, si cuenta con la aceptación del propio inscrito.

## El Registro de Personas Vinculadas a Operadores de Juego

En él se inscribirán los datos de los accionistas, partícipes o titulares significativos que puedan ejercer algún tipo de influencia o control en los operadores de juego, los miembros de su órgano de administración y demás personal directivo y los empleados directamente involucrados en el desarrollo de los juegos, así como sus cónyuges o personas con las que convivan, ascendientes y descendientes en primer grado.

Si el operador de juego está a su vez participado por personas jurídicas se inscribirán los accionistas, partícipes o titulares significativos de las personas jurídicas que puedan ejercer algún tipo de influencia o control en el operador de juego.

Debe contener al menos los siguientes datos:

a. Nombre, apellidos, sexo y domicilio a efectos de comunicaciones.
b. Número del DNI o documento equivalente.
c. Operador al que está vinculado.
d. Tipo de participación en la persona jurídica titular de la licencia de juego.
e. Cargo directivo que ocupa la persona jurídica titular de la licencia de juego o tarea que desempeñe que esté directamente

involucrada con la actividad de juego desarrollada por el operador.

f. Nombre, apellidos y número del documento nacional de identidad o documento identificativo equivalente del cónyuge o persona con la que conviviera y de los ascendientes y descendientes en primer grado.

g. Fecha de inscripción.

h. Persona u operador que instó la inscripción.

El acceso a estos datos se limitará exclusivamente a la DGOJ.

La modificación de los datos inscritos en el registro se podrá hacer de oficio por parte de la DGOJ o a instancia del operador o la persona vinculada del mismo en el plazo de 15 días desde la comunicación, que a su vez debe hacerse en un plazo de 15 días desde el cambio que supuso dicha modificación.

La cancelación puede hacerse igualmente de oficio por la DGOJ en el caso de extinguirse una licencia inscrita, o a instancia del operador o de la persona efectivamente inscrita, por haber cesado en el supuesto de vinculación que originó la inscripción.

# Obtención de los títulos habilitantes por los operadores de juego

La Ley considera operador de juego a la persona física o jurídica que haya obtenido un título habilitante para la realización (aunque sea parcial) de una actividad de juego, como puede ser a título enunciativo, la determinación de la cuantía de los premios o torneos, la gestión de políticas para jugadores, las transacciones y liquidación de pagos, la gestión de la plataforma de juegos, el registro de usuarios, etc.

Como delimitación negativa no tendrán que obtener título habilitante las entidades que realicen exclusivamente actividad de afiliación, entendida ésta como la actividad de promoción o captación de potenciales clientes para un operador de juego, siempre y cuando no realicen registro de clientes ni mantengan un contrato o cuenta de juego con los mismos. De sus infracciones relativas a la normativa y requisitos exigibles a la actividad publicitaria y promocional del juego responderán los propios operadores de juego que les hayan encomendado la actividad.

Si el operador de juegos desea contratar de un proveedor tercero servicios que afecten a los elementos esenciales de la actividad de juego debe informar previamente de dicha contratación a la DGOJ. A este respecto se consideran elementos esenciales la gestión de servicios de plataforma de juegos, la gestión de clientes y la gestión de la infraestructura básica del sistema técnico, con independencia de la denominación de los contratos.

En los supuestos en los que el desarrollo de las actividades de juego no sea realizado directamente por las entidades habilitadas, la DGOJ puede requerir al operador los contratos y condiciones que regulen la relación entre el operador y la entidad que efectivamente desarrolle alguno de los elementos esenciales de la actividad del juego, pudiendo requerir en su caso a la entidad prestadora del servicio para obtener el correspondiente título habilitante sin perjuicio del régimen sancionador.

Los sujetos que sean considerados así operadores de juego y que gestionen plataformas de juego de las que sean miembros, o se adhieran otros operadores de juego que pongan en común cantidades jugadas por sus respectivos usuarios tendrán la consideración de operador y coorganizador de juego, y la DGOJ podrá establecer para ellos adaptaciones o exenciones de determinados requisitos exigidos por la normativa en base a la naturaleza de la actividad que desempeñen como coorganizadores de juego y a su vez delimitar su responsabilidad.

## Idoneidad para ser titular de un título habilitante

La normativa se encuentra principalmente en la LRJ y en el *Real Decreto 1614/2011, de 14 de noviembre, por el que se desarrolla la ley 13/2011, de 27 de mayo, de regulación del juego, en lo relativo a las licencias, autorizaciones y registros del juego.*

No podrán optar a título habilitante los siguientes sujetos:

- Los sujetos condenados por sentencia firme dentro de los cuatro años anteriores a la fecha de solicitud por delitos contra la salud pública, de falsedad, de asociación ilícita, de contrabando, contra el patrimonio y contra el orden socioeconómico, contra la Administración Pública o contra la Hacienda Pública y la Seguridad Social, así como cualquier infracción penal derivada de la gestión o explotación de juegos para los que no hubieran sido habilitados.

- Los sujetos que hubieren solicitado la declaración de concurso voluntario o hayan sido declarados insolventes en cualquier procedimiento o se hallarse declarados en concurso, con ciertas matizaciones.

- Los sujetos sancionados administrativamente en firme (incluyendo a los socios, directivos y administradores de las personas jurídicas) por dos o más infracciones muy graves en los cuatro últimos años, por incumplimiento de la normativa de juego del Estado o de las Comunidades Autónomas.

- Los sujetos que por ser declarados culpables hubieran dado lugar a resolución de un contrato celebrado con la Administración del Estado.

- Los sujetos incursos en la Ley 53/1984, de 26 de diciembre de Incompatibilidades del Personal al Servicio de las Administraciones Públicas o tratarse de los cargos electivos regulados en la Ley Orgánica 5/1985, de 19 de junio, del Régimen Electoral General.

- Sujetos que no se hallen al corriente del pago de las obligaciones tributarias o de la Seguridad Social.

- Sujetos que no se hallen al corriente de pago de obligaciones por reintegro de subvenciones.

- Sujetos que hubieren sido sancionados para perder la posibilidad de obtener subvenciones según la Ley 38/2003, de 17 de noviembre, General de Subvenciones, o la Ley 58/2003, de 17 de diciembre, General Tributaria.

- Sujetos que hubieren sido sancionados por infracciones muy graves recogidas en la Ley 10/2010, de 28 de abril, de prevención de blanqueo de capitales y de financiación del terrorismo.

- Las entidades participantes u organizadores de eventos deportivos o acontecimientos sobre los que se realicen las apuestas.

En cambio, podrán optar a título habilitante para la organización y explotación de actividades de juego las personas físicas (sólo para el caso de las autorizaciones de juego ocasional) o jurídicas, que cumplan todas las condiciones y requisitos exigidos por la LRJ y su desarrollo reglamentario, las bases de la convocatoria y en su caso la reglamentación básica de los juegos.

Los títulos habilitantes serán concedidos por la DGOJ. Para ello, deberá contarse con el informe preceptivo de la correspondiente Comunidad Autónoma para aquellas solicitudes que puedan afectar a su respectivo territorio, entendiendo esto cuando el operador de juego tenga en la Comunidad autónoma de que se trate su residencia, domicilio social o lugar donde se encuentre centralizada la gestión administrativa y la dirección del negocio. Así mismo, la DGOJ comunicará a las Comunidades Autónomas (y Ciudades Autónomas) competentes la concesión, modificación, transmisión, revocación o extinción de títulos habilitantes que afecten a su territorio, así como la incoación de procedimientos sancionadores en actividades sujetas a los mismos, en un plazo de 10 días.

La Ley prohíbe expresamente la cesión o la explotación por terceras personas de los títulos habilitantes, salvo supuestos de reestructuración empresarial (fusión, escisión o aportación de rama de actividad), en los que se requerirá autorización de la DGOJ, la cual comunicará a las Comunidades Autónomas correspondientes la transmisión de los títulos habilitantes de juego que afecten a su territorio.

Asimismo, deberá contarse con autorización administrativa de la correspondiente Comunidad Autónoma para la apertura de locales presenciales abiertos al público o de equipos que permitan la participación en los juegos. Estas autorizaciones se regularán por la legislación autonómica correspondiente.

Los títulos habilitantes se clasifican en licencias generales, licencias singulares y autorizaciones.

Los interesados en el desarrollo de actividades de juego no ocasional deben obtener en el seno de un procedimiento administrativo concurrencial una licencia de carácter general por cada modalidad de juego que pretendan comercializar, a saber, Apuestas, Rifas, Concursos y Otros Juegos, y una licencia singular por cada uno de los tipos de juego que se pretendan explotar de entre los incluidos en el ámbito de la modalidad de juego objeto de la licencia general.

La DGOJ deberá resolver motivadamente sobre el otorgamiento o denegación de licencias generales y singulares en el plazo de 6 meses desde la solicitud. En caso de no resolver expresamente se entenderá denegada por silencio administrativo desestimatorio. La resolución denegatoria (o su silencio) puede ser recurrida potestativamente en reposición ante la DGOJ poniendo fin a la vía administrativa, o mediante recurso contencioso-administrativo de conformidad con la ley reguladora de la jurisdicción contencioso-administrativa.

Cómo viene siendo tradicional en Derecho Administrativo, la obtención del título habilitante queda condicionada a que el operador se encuentre al corriente de pago de las obligaciones fiscales correspondientes, y en particular al pago de la tasa derivada de la actividad de regulación del juego.

Los títulos habilitantes otorgados por otros Estados no serán directamente válidos en España, aunque los operadores autorizados por otros Estados del Espacio Económico Europeo podrán seguir un proceso de convalidación para eximirse de la presentación de toda la documentación *ex novo* en España. Para que se produzca esta convalidación deberá presentarse un contenido análogo al exigido para el otorgamiento del título habilitante en España, y a este respecto la documentación debe ser fehacientemente acreditada y acompañarse de una traducción jurada al español, sin perjuicio de que la DGOJ se pueda dirigir a las autoridades competentes en materia de juego y sin que las garantías presentadas en otros Estados eximan de la presentación de las exigidas por la normativa española.

## Licencias Generales

El número de licitadores-operadores no está en principio limitado, pero se prevé que se pueda limitar en caso de que existieran razones de interés público, protección al menor, protección al participante o prevención de adicción.

Las licencias generales tienen en una vigencia de 10 años, y es en principio este plazo es prorrogable por un periodo de otros 10 años salvo que el número de licitadores estuviera limitado por lo mencionado y además existiera:

- un tercero interesado en la obtención de la licencia,

- que haya presentado su solicitud con un plazo de 24 meses de antelación a la fecha de vencimiento de la licencia, y

- haya acreditado el cumplimiento de los requisitos que fueron tenidos en cuenta para la obtención de la licencia por parte del titular.

Podrán participar en un procedimiento para el otorgamiento de licencias generales para la explotación y comercialización de juegos que no tengan carácter ocasional las personas jurídicas con forma de sociedad anónima o forma societaria análoga del Espacio Económico Europeo, fehacientemente acreditada, que tenga como único objeto social la organización, comercialización y explotación de juegos.

Si la persona jurídica no tiene domicilio en España deberá designar un representante permanente en España con capacidad para recibir notificaciones tanto física como electrónicamente.

La participación directa o indirecta de capital no comunitario tendrá como límite lo establecido en la legislación vigente sobre inversiones extranjera en España

## Convocatoria y procedimiento para otorgar licencias generales

La licencia general será otorgada por la DGOJ una vez efectuada la convocatoria de oficio o a instancia del interesado. Si se efectúa a instancia del interesado éste debe pedirla una vez transcurridos 18 meses desde la última convocatoria de esa modalidad de juego, y debe ser convocada en un plazo de 6 meses salvo que existieran razones interés público, protección al menor, protección al participante o prevención de adicción que justifiquen la no convocatoria. Si se desestimará la promoción de la convocatoria se contaría el tiempo de 18 meses desde la fecha de la resolución.

La convocatoria, como ocurre con cualquier licitación pública, debe seguir los principios de publicidad, concurrencia, igualdad, transparencia, objetividad y no discriminación.

A estos efectos la DGOJ realizará una propuesta de pliego de bases específico que regirá la convocatoria. En el plazo de 3 meses dicha propuesta puede ser rechazada motivadamente o modificada por el titular del Ministerio de Economía y Hacienda.

Transcurrido el plazo sin resolución se entenderá admitida y se procederá a publicar la convocatoria en el BOE en el plazo de 3 meses. En caso de ser rechazada podrá recurrirse potestativamente en reposición en vía administrativa o en la jurisdicción contencioso administrativa.

## Requisitos para concurrir:

- Figurar inscritas en la Sección Especial de Concurrentes del Registro General de Licencias de Juego.
- Estar en posesión del capital social mínimo desembolsado en la cuantía que se establezca en las bases de la convocatoria.
- Estar en posesión, bien en nombre propio, bien a través de entidades de su grupo empresarial o de terceros, de los medios técnicos que aseguren el cumplimiento de los requisitos y las

obligaciones previstas en el Real Decreto 1613/2011, de 14 de noviembre.

- Acreditar la solvencia técnica, mediante la aportación de los documentos determinados en la base de la convocatoria y la aclaración o presentación de documentos complementarios que sean requeridos. En particular se puede requerir:

  - Declaración acerca de la estructura de personal técnico del que se disponga para el desarrollo de las actividades de juego, especialmente los encargados del control de calidad y seguridad.

  - Experiencia profesional de los directivos de la entidad.

  - Declaración sobre la plantilla media anual de la entidad durante los 3 últimos años.

  - Declaración indicando los sistemas técnicos de los que se dispondrá para el desarrollo de las actividades de juego.

  - Descripción de las instalaciones o unidades técnicas empleadas para garantizar la calidad y seguridad, y en su caso, de los medios de estudio e investigación de la empresa.

- Acreditar la solvencia económica y financiera. En particular se puede requerir:

  - Declaraciones sobre la solvencia de las entidades financieras de la sociedad.

- o Las cuentas anuales presentadas en el Registro mercantil o equivalente.

- o Declaración sobre el volumen global de negocios en los 3 últimos ejercicios.

- o Declaraciones de organismos del juego del domicilio de los solicitantes.

- o Cualquier otro que se considere apropiado para acreditar la solvencia en caso de que por razones justificadas no se estuviera en posición de presentar las referencias solicitadas.

- Acreditar el cumplimiento de cualesquiera otras condiciones y requisitos que se establezcan en la correspondiente convocatoria y, en su caso, haber constituido las garantías en la cuantía y en la forma que se exigieran.

Además, se exigirá la constitución de una garantía que se habrá de mantener actualizada, por la cuantía que se establezca, y dicha garantía quedará afecta al abono de los premios y al pago de las posibles sanciones y tasas que impliquen la actividad y, en definitiva, al cumplimiento de las obligaciones del operador en el desarrollo, explotación y gestión de juegos. La garantía podrá consistir en un depósito en efectivo, una hipoteca sobre bienes inmuebles, avales presentados por entidades de crédito o sociedades de garantía recíproca o por seguros de caución.

| Categoría de Juego | Garantía periodo inicial | Garantía periodo posterior |
|---|---|---|
| Loterías | 2.000.000€ | 1.000.000€ |
| Apuestas | 2.000.000€ | 1.000.000€ |
| Rifas | 2.000.000€ | 1.000.000€ |
| Concursos | 500.000€ | 250.000€ |
| Otros Juegos | 2.000.000€ | 1.000.000€ |

Durante el periodo inicial no se tendrán en cuenta el importe de las garantías adicionales relativas a las licencias singulares. En cambio, en el periodo posterior las cuantías arriba descritas tendrán la consideración de cuantías mínimas de la garantía del operador. En caso de que este importe sea excedido por la cuantía de las garantías adicionales para las licencias singulares (calculado sobre el importe neto o bruto de negocio) se imputará el montante hasta alcanzar las cuantías mínimas a la garantía general y el sobrante a la garantía adicional de cada tipo de juego.

Publicada la convocatoria y abierto el plazo correspondiente, los interesados deberán acompañar su solicitud de la información y documentación exigidas en las bases de la convocatoria junto con:

- Las garantías exigidas.
- El justificante acreditativo de liquidación de la tasa correspondiente.
- Un plan operativo que tenga en cuenta:

  o Los principios y prácticas de juego responsable, entendiendo por ellos los que protegen el orden público garantizando la integridad del juego, optimizando simultáneamente los beneficios para la Sociedad.

  o La formación de empleados.

- Los canales de distribución.

- El diseño de juegos.

- Otros aspectos de la actividad que se establezcan en las bases.

- Un proyecto técnico que detallará los aspectos fundamentales del sistema para el desarrollo de actividades de juego, y en particular los componentes de la Unidad Central de Juegos y del sistema de control interno. Dicho proyecto será acompañado por una certificación de una entidad autorizada que acredita el cumplimiento del sistema de control interno de las especificaciones necesarias y un informe preliminar emitido por entidades designadas por la DGOJ que certifique el proyecto técnico.

La DGOJ puede instar a la subsanación de defectos y aportación de documentación e información necesaria, concediendo a tal efecto un plazo de 10 días.

La solicitud contendrá indicación de los siguientes aspectos:

- Denominación social, duración, domicilio social y domicilio a efectos de notificaciones en España (en caso de ser otro), capital social, y en su caso porcentaje de capital no comunitario.
- Relación de miembros del consejo de administración, directivos, gerentes y apoderados.

- Naturaleza, modalidades y tipos de actividad sometidas a licencia, así como los acontecimientos sobre cuyos resultados se realicen aquellos.

- Ámbito territorial de la licencia.

- Condiciones de los premios a otorgar por juego o apuesta y cuantía de los mismos.

- Relación de sistemas, equipos, aplicaciones e instrumentos técnicos que serán empleados, y en su caso la intención de emplear terminales.

- Descripción y origen de los recursos financieros propios y ajenos que serán empleados para la explotación de la actividad.

- Solicitud de autorización para la realización de la actividad publicitaria, de patrocinio o promoción.

- Características del Servicio de Atención al Participante y la capacidad para atender en español

- Mecanismos para la prevención del fraude y sistemas de prevención del blanqueo de capitales y financiación del terrorismo.

- Los sistemas, procedimientos o mecanismos establecidos para hacer efectivas las prohibiciones sobre el juego.

- Certificado de estar al corriente de las obligaciones fiscales y de seguridad social.

- Indicación de lugar, fecha y firma de la solicitud.

La DGOJ podrá solicitar informes a otras administraciones u organismos públicos, como por ejemplo al SEPBLAC, y en un plazo de 6 meses otorgará o denegará motivadamente la solicitud y acordará su inscripción en el Registro General de Licencias de Juego.

Una vez notificada la concesión de la licencia ésta quedará condicionada a que en un plazo de 4 meses se presenten los informes definitivos de certificación de los sistemas técnicos de juego y su posterior homologación por parte de la DGOJ.

Los beneficiarios de la licencia podrán implantar un sitio web ".es" para el desarrollo y comercialización del juego a través de internet, y deberán redirigir a dicho dominio todas las conexiones a otros sitios web de su propiedad distintos al ".es" que se hagan desde el territorio español o que hagan uso de cuentas de usuario españolas.

La DGOJ verificará durante el tiempo de tenencia de la licencia que los operadores cumplen con los siguientes compromisos:

- Asegurar el cumplimiento de sus obligaciones legales, especialmente las que le impone la Ley de Prevención de Blanqueo de Capitales y Financiación del Terrorismo, y por tanto colaborar con las autoridades encargadas de la prevención del blanqueo de capitales, sin perjuicio de las competencias de supervisión del SEPBLAC.
- Asegurar la integridad y seguridad de los juegos, garantizando la participación, transparencia de los sorteos y eventos, del cálculo, y del pago de premios y el uso profesional diligente de los fondos.
- Canalizar adecuadamente la demanda de participación.
- Reducir cualquier riesgo de daño potencial a la sociedad, incluyendo el juego ilegal y las actividades delictivas asociadas.

# Licencias singulares

La explotación de cada uno de los tipos de juegos incluidos en cada licencia general requiere el otorgamiento de una licencia singular de explotación, que sólo podrán ser solicitadas por los operadores que dispongan de la licencia general correspondiente y mientras ésta permanezca vigente. Del mismo modo, si lo permite la convocatoria, se pueden solicitar al mismo tiempo los dos tipos de licencias, pero la singular quedará condicionada a que se otorgue la general.

Como es lógico, la pérdida de licencia general conlleva la pérdida de licencias singulares vinculadas a la misma.

El procedimiento y documentación a acompañar para la solicitud de licencias singulares se regula pormenorizadamente en la *Resolución de 1 de diciembre de 2017, de la Dirección General de Ordenación del Juego, por la que, de conformidad con lo dispuesto en el artículo 17 del Real Decreto 1614/2011 de 14 de noviembre, por el que se desarrolla la Ley 13/2011, de 27 de mayo, de regulación del juego, en lo relativo a licencias, autorizaciones y registros de juego, se establece el procedimiento de solicitud y otorgamiento de Licencias Singulares para el desarrollo y explotación de los distintos tipos de actividades de juego.*

Las licencias singulares pueden tener una duración mayor a un año e inferior a cinco años. Esquematizamos a continuación la duración específica de cada tipo de juego según lo estipulado en cada una de las órdenes reguladoras:

| Tipo de Juego | Garantía período inicial |
| --- | --- |
| Apuestas deportivas mutuas | 5 años |
| Apuestas deportivas de contrapartida | 5 años |
| Apuestas hípicas mutuas | 5 años |
| Apuestas hípicas de contrapartida | 5 años |
| Otras apuestas de contrapartida | 5 años |
| Apuestas cruzadas | 5 años |
| Máquinas de Azar | 5 años |
| Black Jack | 3 años |
| Bingo | 5 años |
| Concursos | 5 años |
| Punto y Banca | 3 años |
| Póquer | 5 años |
| Ruleta | 3 años |
| Juegos complementarios | 5 años |

Únicamente podrán solicitarse licencias singulares para aquella actividad de juego que haya sido previamente regulada, ya que en caso contrario solo podrán solicitar su regulación a la DGOJ que podrá dar trámite de audiencia y estimar o desestimar motivadamente en el plazo de 6 meses. Si estimara la petición dará traslado al titular del Ministerio de Economía y Hacienda si así lo considera oportuno, acompañando la propuesta de reglamentación básica del juego. También puede llevar a cabo el trámite de oficio para solicitar la regulación de un tipo de juego sin necesidad de que un interesado haga la petición previamente.

El procedimiento de obtención de licencias singulares debe respetar los principios de transparencia, objetividad y no discriminación, y los requisitos requeridos serán proporcionales a los fines de protección de la salud pública, los menores y personas dependientes y a los de prevención del fraude y blanqueo de capitales y financiación del terrorismo.

La solicitud de licencia singular deberá incluir:

- La acreditación del cumplimiento de los requisitos previstos en la reglamentación básica de los juegos.
- Los proyectos de juego que van a ser desarrollados por el interesado sobre la base de la licencia singular solicitada.
- Las reglas particulares de cada uno de los juegos.
- Un proyecto técnico relativo al sistema técnico para el desarrollo de las actividades de juego.
- Un informe preliminar de certificación sobre el sistema técnico del juego.
- El justificante acreditativo del pago de la tasa correspondiente.

Una vez presentada la solicitud la DGOJ deberá otorgarla provisionalmente acordando la inscripción provisional en el Registro General de Licencias de juego, o por contra denegarla. De ser concedida provisionalmente quedará condicionada a que el operador obtenga una homologación definitiva en el plazo de 6 meses. El otorgamiento provisional habilita para el inicio de la actividad de juego.

Una vez emitido el informe definitivo favorable de certificación de los sistemas técnicos de juego será trasladado por el operador a la DGOJ para su validación y la concesión de la homologación, transformando de oficio la inscripción provisional en definitiva y haciendo la oportuna publicación en la página web de la DGOJ. Si la valoración del informe fuera negativa, la DGOJ ordenará el cese de la actividad.

La DGOJ puede requerir la necesidad de constituir una garantía adicional vinculada a la licencia singular, que quedará afecta al cumplimiento de las obligaciones generales del operador y en particular al cumplimiento de las obligaciones específicas de abono de los premios del juego en particular amparado por la licencia particular. Las órdenes reguladoras de cada juego limitan la garantía a constituir como un porcentaje de los ingresos brutos o netos del operador (según cada tipo de juego) durante el año anterior.

Las cuantías específicas se establecen junto a los modelos de constitución de garantías en la *Resolución de 13 de octubre de 2014, de la Dirección General de Ordenación del Juego, por la que se aprueba la disposición que desarrolla el Capítulo III del Título II del Real Decreto 1614/2011, de 14 de noviembre y la determinación de los importes de la garantía de operador que se vinculan a las licencias singulares correspondientes a los distintos tipos de juego.*

| Tipo de Juego | Garantías adicionales posibles según órdenes | Garantías exigidas por la DGOJ |
|---|---|---|
| Apuestas deportivas mutuas | 1% – 8% de los IB del año anterior | 1,5% de los IB del año anterior |
| Apuestas deportivas de contrapartida | 5%-12% de los IN del año anterior | 6,5% de los IN del año anterior |
| Apuestas hípicas mutuas | 1% – 8% de los IB del año anterior | 1,5% de los IB del año anterior |
| Apuestas hípicas de contrapartida | 5%-12% de los IN del año anterior | 7,5% de los IN del año anterior |
| Otras apuestas de contrapartida | 5%-12% de los IN del año anterior | 6,5% de los IN del año anterior |
| Apuestas cruzadas | 5%-12% de los IN del año anterior | 7,5% de los IN del año anterior |

| | | |
|---|---|---|
| Máquinas de Azar | 5%-12% de los IN del año anterior | 8% de los IN del año anterior |
| Black Jack | 7%-12% de los IN del año anterior | 8% de los IN del año anterior |
| Bingo | 5%-12% de los IN del año anterior | 6,5% de los IN del año anterior |
| Concursos | 2% – 7% de los IB del año anterior | 2% de los IB del año anterior |
| Punto y Banca | 7%-12% de los IN del año anterior | 8% de los IN del año anterior |
| Póquer | 5%-12% de los IN del año anterior | 8% de los IN del año anterior |
| Ruleta | 7%-12% de los IN del año anterior | 8% de los IN del año anterior |
| Juegos complementarios | 3%-7% de los IN del año anterior | 6,5% de los IN del año anterior |

*IB (Ingresos brutos): Es el importe total de las cantidades que se dediquen a la participación en el juego, así como cualquier otro ingreso que se pueda obtener, directamente derivado de su organización o celebración.

**IN (Ingresos netos): Es el importe total de las cantidades que se dediquen a la participación en el juego, así como cualquier otro ingreso que puedan obtener, directamente derivado de su organización o celebración deducidos los premios satisfechos por el operador a los participantes. Cuando se trate de apuestas cruzadas o de juegos en lo que los sujetos pasivos no obtengan como ingresos propios los importes jugados, sino que simplemente, efectúen su traslado a los jugadores que los hubieran ganado, la base imponible se integrará por las comisiones, así como cualesquiera cantidades por servicios relacionados con las actividades de juego, cualquiera que sea su denominación, pagadas por los jugadores al sujeto pasivo.

Durante el periodo inicial de licencias singulares no se requerirá constitución de garantía.

Una vez otorgada la licencia singular, es prorrogable, previa solicitud del interesado, por períodos de igual duración. Para su prórroga, el interesado deberá dirigir a la DGOJ la solicitud durante el último año de vigencia de su licencia y con al menos 4 meses de antelación a la fecha de su finalización, debiendo acreditar:

- o El cumplimiento de los requisitos y condiciones que fueron considerados para la obtención de la correspondiente licencia singular.
- o La explotación ininterrumpida de la licencia durante, al menos, las tres quintas partes del tiempo de vigencia de la licencia singular.
- o El pago del impuesto sobre actividades del juego y de las tasas por la gestión administrativa del juego.

Cumpliéndose las anteriores condiciones, la DGOJ concederá la prórroga solicitada acordando su inscripción en el Registro General de Licencias de Juego salvo que motivadamente estimara que existen razones de salvaguarda del interés público, de protección de menores o de prevención de fenómenos de adicción al juego.

Si durante la vigencia de la licencia se modificara sustancialmente alguna de las circunstancias relevantes comunicadas, el operador deberá notificarlo en el plazo de 48 horas para que la DGOJ adopte las medidas que considere oportunas para la protección de los participantes y el interés público.

## Autorizaciones para rifas y juegos no ocasionales

Para los juegos ocasionales o esporádicos, como es el caso de las rifas y otros juegos ocasionales, no se requiere licencia sino autorización de la DGOJ.

Se entiende por juego ocasional o esporádico aquel juego que no se celebra periódica o permanentemente, o existiendo periodicidad, ésta es, como mínimo, anual.

Los interesados en celebrar juegos ocasionales o esporádico deberán solicitar la previa autorización a la DGOJ, debiendo acreditar:

- Que la actividad de juego que pretende explotar cumple las bases establecidas en la orden ministerial reguladora del juego en cuestión.

- Que no está incurso en ninguno de los supuestos que impiden la solicitud (artículo 13.2 de la LRJ

- Que goza de solvencia económica suficiente para afrontar el pago de premios.

- Que goza de solvencia técnica suficiente para el correcto desarrollo del juego.

- Que se acredite el pago de la tasa fiscal correspondiente.

La DGOJ podrá establecer requisitos y condiciones adicionales, y resolverá la solicitud motivadamente en el plazo de un mes otorgando o denegando la autorización. La falta de resolución expresa en un mes supondrá la desestimación por silencio negativo.

La autorización contendrá la siguiente información:

- Identificación del solicitante, domicilio, y en su caso capital.

- Identificación de la modalidad y tipo de juego y sus reglas.

- Fecha de celebración del juego o evento autorizado.

- Ámbito territorial de la autorización.

- Medio de comercialización del juego.

- Importe a satisfacer por los participantes del juego.

- Condiciones de los premios a otorgar por el juego autorizado, cuantía de los mismo y en su caso límites que se establezcan en relación a su importe.

- Autorización para la realización de actividades publicitarias o de promoción.

- Los sistemas, procedimientos o mecanismos establecidos, de acuerdo con la naturaleza del juego autorizado para aplicar las prohibiciones del juego (especialmente la referida a los menores de edad).

La resolución expresa desestimatoria, o el silencio administrativo podrá ser recurrido potestativamente en reposición ante el DGOJ o ser recurrida directamente en la jurisdicción contencioso-administrativa.

Para el caso particular de las rifas existe información detallada disponible en www.ordenacióndeljuego.es acerca de la documentación que habrá de acompañar a la solicitud, como es el caso de:

- Documentación justificativa de la propiedad y la disponibilidad del premio o premios ofrecidos, y que podrá consistir, según el caso, en facturas, contratos, escrituras o certificaciones notariales. La DGOJ, en función del valor o la naturaleza del premio o premios ofertados, podrá requerir a los interesados para que aporten cuanta documentación e información adicional sea considerada necesaria para la adecuada justificación.

- Modelo de soporte de participación en la Rifa, en el que deberán constar, al menos, los siguientes extremos:

  o Fecha de autorización de la rifa.

  o Número total de soportes y número del soporte individual.

  o Precio de la participación.

  o Plazo de caducidad del premio obtenido.

  o Identificación y firma del realizador de la rifa, o de su representante.

  o Valor del premio.

- Especificación, si procede, de que el premio está sujeto a ingreso a cuenta por Impuesto de la Renta de las Personas Físicas.

- Fecha y lugar del sorteo.

- Forma y publicación de los resultados.

- Lugar en que se encuentran publicadas las bases

- Bases de la rifa, que, en caso de concederse la autorización, deberán estar publicadas y a disposición de los posibles participantes durante todo el periodo de realización de la rifa hasta el final del plazo de caducidad de los premios. En estas bases figurarán, al menos, los siguientes datos:

  - Identificación de la persona física o jurídica que promueve la rifa.

  - Prohibición de participar a los menores de edad e incapacitados legalmente.

  - Descripción del premio o premios ofrecidos, y su valoración. En su caso, indicación expresa de que el premio se otorgará libre de gastos e impuestos, o en caso contrario, relación de gastos o impuestos que deberán ser asumidos por el participante ganador de la Rifa. El valor de los premios ofrecidos debe ser superior, al menos, al 20 % del importe de emisión de soportes de participación.

  - En el caso de que el premio ofrecido en la rifa sea un bien inmueble, en la descripción del premio o premios ofrecidos deberá constar como mínimo los siguientes aspectos:

- Características generales.

- Dirección.

- Superficie.

- Valor del inmueble.

- En su caso, descripción de las cargas y gravámenes del inmueble, y especificación de si se van a levantar antes de la entrega del premio, o de si el ganador, al adquirir la propiedad, deberá hacerse cargo de las mismas.

- Indicación de la persona obligada al pago de los gastos (notaría, escrituras, honorarios registradores, etc.) e impuestos derivados de la entrega del premio, con especificación de que el premio este sujeto a tributación e ingreso a cuenta conforme a lo dispuesto en la vigente normativa del impuesto sobre la Renta de las Personas Físicas.

• Fechas de comienzo y finalización de la venta de los soportes de participación. En ningún caso el periodo de tiempo entre la fecha de comienzo y la de realización del sorteo podrá ser superior al año.

- Fecha y lugar del sorteo. Los sorteos deberán realizarse bien ante notario, bien en combinación con alguno de los sorteos que organicen la SELAE o la ONCE. En este segundo caso, los solicitantes deberán adjuntar a su solicitud el documento donde conste la aceptación de la entidad organizadora del Sorteo.

- Forma y lugar de publicación de los resultados del sorteo.

- Territorio que alcanzará la venta.

- Número de soportes de la participación que se emitirán.

- Precio de la participación.

- Descripción detallada, en su caso, del procedimiento telemático a través del cual se va a realizar la venta de soportes de participación y de la forma de garantizar al comprador de los soportes su participación.

- Plazo de caducidad del premio o premios obtenidos, que no podrá ser inferior a un año.

- Forma en que han de adjudicarse los premios.

- Declaración de que la persona física o jurídica organizadora de la Rifa se constituye como única garante de la disponibilidad del premio o premios y como única obligada a la entrega del bien al ganador de la Rifa.

## Autorizaciones para la comercialización de juegos de loterías

El procedimiento es sustancialmente idéntico para:

- La comercialización NO ocasional de loterías en el ámbito estatal o supraestatal (actividad reservada).

- La comercialización ocasional de loterías por parte de entidades sin fines lucrativos y finalidad benéfica [13] . (autorización excepcional)

Esta autorización corresponde concederla al titular del Ministerio de Economía y Hacienda.

La solicitud irá acompañada para el caso de la autorización no ocasional de una memoria justificativa en la que se recoja:

- Las previsiones económicas del juego, incluyendo un plan de negocio a tres años,
- La afectación prevista a los juegos ya autorizados y que vinieran siendo explotados en esa fecha,
- Su posible influencia en relación con fenómenos de adicción al juego,
- Los instrumentos y medidas propuestos para la evitación del fraude, blanqueo de capitales y financiación del terrorismo y la protección de menores y personas dependientes,
- Un plan operativo que tenga en cuenta los principios del juego responsable, la formación de empleados, los canales de distribución y el diseño de los juegos.

---

[13] Se consideran entidades sin fines lucrativos y finalidad benéfica aquellas entidades, que, inscritas en el registro correspondiente, cumplan los requisitos establecidos en el artículo 3 de la Ley 49/2002, de 23 de diciembre, de régimen fiscal de las entidades sin fines lucrativos y de los incentivos fiscales al mecenazgo y que, de conformidad con sus estatutos, cumplan fines de carácter benéfico, benéfico-asistencial o benéfico-docente.

La solicitud irá acompañada para el caso de la autorización ocasional excepcional de una memoria justificativa en la que se recoja:

- La documentación que acredite la condición de entidad sin fines lucrativos y finalidad benéfica.
- La memoria económica y justificativa en la que se recojan las previsiones económicas del juego cuya comercialización se solicita y el destino que se dará a los beneficios obtenidos.
- La propuesta de las reglas particulares que hayan de regir el juego.
- El importe total de los billetes o su equivalente electrónico.
- La forma de comercialización.
- El programa de premios del juego.
- La fecha, hora y ubicación para la celebración del correspondiente sorteo o evento.

Recibida la solicitud por el Ministerio de Economía y Hacienda se requerirá a la DGOJ para que emita un informe sobre la solicitud en el plazo de 15 días y a la vista del mismo se aceptará o rechazará la solicitud motivadamente antes de que transcurra un plazo de 3 meses desde la solicitud.

La autorización fijará las condiciones de gestión de los juegos de loterías, que incluirá para las autorizaciones no ocasionales:

- El porcentaje mínimo y en su caso máximo destinado a premios.

- Las condiciones y requisitos para la celebración de sorteos, cuando procedan, y la fijación del número de los mismos o de los programas de lotería instantánea o presorteada.

- Los derechos de los participantes y los procedimientos de reclamación.

- Las medidas de protección de menores, personas dependientes y para la prevención del fraude y del blanqueo de capitales y financiación del terrorismo.

- El procedimiento de inspección y control por parte de la DGOJ.

- La posible habilitación para la realización de actividades publicitarias, promocionales o de patrocinio, incluyendo en su caso la limitación máxima de inversión publicitaria.

En el caso de las autorizaciones ocasionales excepcionales incluirá las condiciones de gestión al menos en:

- El importe total de los billetes o su equivalente electrónico de que conste el sorteo o evento autorizado o los elementos propios de una lotería instantánea o presorteada.

- El porcentaje de emisión que haya de ser destinado a premios.

- Las condiciones y requisitos para la celebración del sorteo o evento autorizado o programa de lotería instantánea o presorteada.

- La forma y los medios destinados a la comercialización de la emisión.

- Los derechos de los participantes y los procedimientos de reclamación.

- El ámbito territorial en el que vaya a desarrollarse la comercialización del juego de lotería.

- Las medidas de protección a los menores, personas dependientes y para la prevención del fraude y del blanqueo de capitales y de la financiación del terrorismo.

El Ministerio de Economía y Hacienda notificará a la DGOJ, el otorgamiento de la autorización o en su caso su modificación, para que esta le de publicidad cursando la correspondiente inscripción en la Sección Especial de Autorizaciones de juegos de lotería del Registro General de Licencias de Juego.

El titular del Ministerio de Economía y Hacienda resolverá motivadamente sobre el otorgamiento o denegación de las autorizaciones en un plazo de 6 meses desde la entrada en registro de la solicitud. En caso de no hacerlo el silencio administrativo se considerará en este caso estimatorio de la pretensión.

Contra la resolución cabe recurso potestativo de reposición o recurso en vía contencioso-administrativa.

El procedimiento es igual cuando se trate de la comercialización de juegos de lotería de ámbito superior al estatal, entendiendo aquí incluido el desarrollo, gestión y comercialización de:

- Juegos de lotería de forma conjunta o coordinada con operadores habilitados en otros Estados.
- Juegos de lotería de España en otros Estados.

- Juegos de lotería de operadores de otros Estados en España.

La autorización debe contener, aparte de los extremos antes referidos, los siguientes:

- En su caso, porcentaje de participación del operador autorizado en el juego de lotería que desarrolla de forma conjunta o coordinada con operadores habilitados en otros Estados, o en su caso, los mecanismos e instrumentos que determinen el grado de participación del operador autorizado en el juego.
- En su caso, las condiciones y requisitos para la comercialización en otros Estados del juego de lotería autorizado en España.
- En su caso, las condiciones y requisitos que hubieran de cumplirse para la comercialización en España de un juego de lotería de otro Estado.

Para el caso de las actividades de lotería reservadas el operador deberá:

- Emitir una autorización expresa a las personas físicas o jurídicas integrantes de su red comercial con excepción de "*los terceros que, bajo la exclusiva responsabilidad de los gestores de la citada red externa comercialicen productos de loterías de acuerdo con los usos y costumbres tradicionalmente admitidas*".
- Comunicar a la DGOJ con la periodicidad que se determine la relación de personas autorizadas.

## El Registro General de Licencias de Juego

Ahora que hemos visto todo el proceso de obtención de los títulos habilitantes estamos en disposición de analizar el Registro General de Licencias de Juego. Este registro a su vez consta de 4 secciones:

- La Sección Ordinaria de Licencias Generales.

  En esta sección se practicará la inscripción definitiva de los datos relativos a los titulares de una licencia general, una vez otorgada las misma.

- La Sección Ordinaria de Licencias Singulares.

  En esta sección se practicará la inscripción provisional de los datos relativos a los titulares de licencias singulares, que será elevada a definitiva una vez que se emita el informe definitivo favorable de certificación de los sistemas técnicos.

  La inscripción provisional se cancelará en todo caso transcurridos 6 meses desde el acuerdo de inscripción provisional.

  La inscripción definitiva de las licencias generales o singulares constarán al menos de los siguientes datos:

  - Datos identificativos de la persona jurídica y de la persona representante.
  - Sede social y dirección a efectos de notificaciones. Si se trata de una entidad no española se inscribirá el domicilio del representante, que tendrá a su vez la consideración de domicilio a efecto de notificaciones.

o Fecha de otorgamiento de la licencia, y en su caso la modalidad o tipo de juego amparado por la misma.

o Actividad o actividades de juego a desarrollar y el dominio .es bajo el que se comercializarán los juegos.

Una vez practicada la inscripción deberá notificarse cualquier hecho o circunstancia que suponga un cambio de los datos inscritos en el plazo de un mes desde el momento en el que se produzca.

La cancelación de la licencia llevará lógicamente la cancelación de la inscripción.

- La Sección Especial de Concurrentes.

En esta sección se practicará la inscripción provisional de los interesados en participar o concurrir a los procedimientos de otorgamiento de licencias generales. Para dicha inscripción será necesario que los solicitantes sean personas jurídicas con forma de sociedad anónima o análoga, debidamente inscritas en el Registro Mercantil o equivalente, y que tengan como objeto social único la organización, comercialización y explotación de juegos. También no hallarse en alguno de los supuestos de exclusión.

LA DGOJ deberá estimar o desestimar motivadamente la solicitud de inscripción en el plazo de 15 días desde la misma. Ante el silencio administrativo se entenderá estimada.

La inscripción provisional se cancelará cuando se acuerde la inscripción de la licencia general correspondiente.

La solicitud de inscripción provisional deberá contener al menos los datos indicados por la Resolución de 16 de noviembre de 2011, de la Dirección General de Ordenación del Juego, por la que de conformidad con lo dispuesto en el artículo 50 del Real Decreto 1614/2011, de 14 de noviembre, por el que se desarrolla la Ley 13/2011, de 27 de mayo, de regulación del juego, en lo relativo a licencias, autorizaciones y registros del juego, se establece el contenido mínimo de las inscripciones provisionales en la sección especial de concurrentes del registro general de licencias de juego.

- La Sección Especial de Autorizaciones de juegos de lotería.

En esta sección se practicará la inscripción de los datos de los titulares de las autorizaciones de lotería, tanto las entidades que cuentan con reserva de actividad (SELAE y ONCE) así como las entidades sin fines lucrativos con finalidad benéfica.

# La extinción del título habilitante

Una vez concedido un título habilitante, éste puede extinguirse por los siguientes motivos:

- Por renuncia del interesado.

- Por transcurso de su vigencia sin solicitarse o concederse su renovación, y en el caso particular de las autorizaciones excepcionales por la celebración del sorteo o evento o la finalización del programa de lotería.

- Por resolución de la DGOJ por:

o Pérdida de las condiciones que determinaron su otorgamiento.

o Muerte o incapacidad sobrevenida para personas físicas, o disolución o extinción de las personas jurídicas.

o El cese definitivo de la actividad, o la falta del ejercicio de la licencia en el plazo de un año en los supuestos de licencia, que se observará en todo caso en las licencias singulares y cuando haya un número limitado en las licencias generales.

o La declaración de concurso o la declaración de insolvencia en cualquier otro procedimiento.

o Imposición como sanción en el correspondiente procedimiento sancionador.

o Incumplimiento de las condiciones esenciales de la autorización o licencia.

o Cesión o transmisión del título habilitante en supuestos de reestructuración empresarial, sin la previa autorización.

o Obtención del título habilitante con falsedad o alteración de las condiciones que determinaron su otorgamiento.

o No llevarse a cabo la actualización de la garantía exigida tras el requerimiento a tal efecto.

Se concurre alguna de las causas anteriores se dará inicio al procedimiento para la extinción del correspondiente título habilitante, en el que se dará audiencia al interesado y será resuelto en un plazo de 3 meses desde su iniciación. Si en este tiempo no media resolución expresa se producirá la caducidad del mismo.

Si la causa que dio lugar al procedimiento de extinción fuera subsanable, el interesado será requerido a tal efecto para que proceda a la subsanación correspondiente en el plazo de un mes, que en caso de no atenderse en tiempo y forma se procederá a dejar sin efecto el título habilitante.

# Los requisitos técnicos de los sistemas de juego

Los sistemas de juego empleados en el desarrollo de las actividades de juego deben reunir una serie de requisitos técnicos impuestos por la normativa. El Real Decreto 1613/2011, de 14 de noviembre desarrolla la Ley 13/2011, e 27 de mayo de regulación del juego, en lo relativo a los requisitos técnicos de las actividades de juego. Este Real Decreto no aplica sin embargo a los operadores de loterías, que son regulados en una normativa específica.

Para un mayor detalle de los requisitos que aquí se detallan debe consultarse la *Resolución de 6 de octubre de 2014, de la Dirección General de Ordenación del Juego, por la que se aprueba la disposición por la que se desarrollan las especificaciones técnicas de juego, trazabilidad y seguridad que deben cumplir los sistemas técnicos de juego de carácter no reservado objeto de licencias otorgadas al amparo de la Ley 13/2011, de 27 de mayo, de regulación del juego.*

Al tiempo que detallamos los requisitos que deben cumplirse deben conocerse las definiciones técnicas relevantes:

## El Sistema Técnico de Juego

El sistema técnico de juego es el conjunto de equipos, sistemas, terminales, instrumentos y material software empleado por el operador para la organización, explotación y desarrollo de la actividad de juego, así como la detección y el registro de las transacciones entre los jugadores y el operador.

El sistema técnico deberá disponer de mecanismos de autenticación suficientes para garantizar:

- La confidencialidad e integridad de las comunicaciones de los participantes con los sistemas de juego, y de la identidad del transmisor y del receptor. Para ello se utilizarán algoritmos de cifrado.
- La confidencialidad e integridad de las comunicaciones entre la Unidad Central de Juegos y el sistema de control interno.
- La identidad de los participantes y por tanto el cumplimiento de las prohibiciones subjetivas.
- La autenticidad y cómputo de las apuestas.
- El control de su correcto funcionamiento.
- El control sobre la duración del tiempo de juego, la cantidad máxima jugada o utilización de las opciones de autoexclusión y demás medidas exigidas por la normativa.
- El acceso a los componentes del sistema informático exclusivamente al personal autorizado y a la DGOJ.

El operador deberá establecer un protocolo de acceso físico y lógico a sus sistemas técnicos de juego en el que se recojan los procedimientos para su control, la relación de personas que dispongan de autorización para el acceso, así como las operaciones que pueden realizar en los sistemas. El registro de acceso deberá ser conservado por el operador durante, al menos, dos años.

El sistema técnico de juego está integrado por dos elementos: la Unidad Central de Juegos (UCJ) y el sistema de control interno. El operador debe disponer de un Plan de Contingencia Tecnológica en el que contemple las medidas técnicas, humanas y organizativas necesarias para garantizar la continuidad del servicio, garantizando que sus clientes reciban un trato justo en caso de interrupción del juego o la apuesta, y garantizar que en ningún caso se pierden datos o transacciones que pueden afectar al desarrollo de los juegos, los derechos de los participantes o al interés público.

## La Unidad Central de Juegos (UCJ)

La Unidad Central de Juegos. Es el conjunto de elementos técnicos necesarios para procesar y gestionar las operaciones realizadas por los participantes en los juegos.

La Unidad Central del Juego deberá permitir registrar, comprobar y reconstruir todas las actuaciones u operaciones realizadas desde los equipos y usuarios conectados a la misma, los resultados obtenidos, reparto de premios, operaciones sobre el registro de usuario y las cuentas de juego, datos agregados de control y eventos de funcionamiento de la plataforma de juegos, así como garantizar el correcto funcionamiento de las actividades del juego.

Los operadores deben asegurar las copias de seguridad necesarias y las medidas técnicas y planes que permitan garantizar la recuperación de los datos ante cualquier clase de incidencia, y disponer de una réplica de su Unidad Central de Juegos para el caso de que la Unidad Principal se hallare fuera de servicio, como parte del Plan de Contingencia Tecnológica. Ambas tendrán conexiones informáticas compatibles con los sistemas de la DGOJ que permitirán realizar un control y seguimiento, incluso en tiempo real, de la actividad de juego, los premios otorgados, la identidad de los jugadores participantes y los premiados, e incluso la devolución de premios que se produzcan con motivo de la anulación de los juegos. Ello con independencia del país donde estén ubicados y sin perjuicio de las posibles inspecciones in situ que pueda llevar a cabo las DGOJ. A este respecto se puede exigir al operador que determinadas unidades secundarias de sus sistemas técnicos se ubiquen en España.

Forman parte de la Unidad Central de Juegos:

A. La plataforma de juegos. Es la infraestructura de software y hardware que constituye la interfaz principal entre el participante y el operador. Ofrece al jugador las herramientas necesarias para abrir o cerrar su cuenta de juego, grabar, editar la información de su perfil, depositar o retirar fondos de su cuenta de juego o visualizar el detalle de los movimientos de su cuenta. Incluye cualquier elemento técnico que muestre información relevante al participante sobre los juegos ofrecidos por el operador, así como cualquier software cliente que el participante tenga que descargarse e instalar en su equipo para interactuar con la plataforma. La plataforma permite al operador gestionar el registro de usuario y la cuenta de juego de los participantes, las transacciones financieras de juego, informar sobre los resultados de los juegos, habilitar o deshabilitar los registros y las cuentas y establecer todos los parámetros configurables.

Dentro de la plataforma se encuentran:

- La base de datos de juego. Es el conjunto de almacenes lógicos en los que se registran y conservan los datos de carácter personal de los participantes en los juegos, los relativos a la totalidad de las transacciones realizadas por éstos y la información relativa a los resultados de eventos o acontecimientos deportivos, coeficientes y demás datos relevantes a los efectos del desarrollo y gestión de actividades de juego.

- La pasarela de pagos. Es el conjunto de sistemas e instrumentos técnicos que permiten realizar las transacciones económicas entre el participante y el operador de juego y que contiene la lógica necesaria para transferir fondos desde el medio de pago empleado por el participante al operador y desde éste al participante.

B. El software de juegos. Está formado por los módulos que permiten gestionar cada uno de los juegos, autorizar e implementar las reglas de cada uno de ellos y a los que se accede desde la plataforma de juegos.

Dentro del software suelen encontrarse los generadores de números aleatorios, que es el componente software o hardware que, mediante procedimientos que garantizan su aleatoriedad, genera los resultados numéricos que son empleados por el operador para determinar el resultado de determinados juegos. Deben tener al menos las siguientes características:

- Los datos aleatorios generados serán imprevisibles e indeterminables.
- Las series de datos generados no serán reproducibles.
- Los métodos de escalamiento serán lineales y no introducirán ningún sesgo, patrón o predictibilidad.
- El método de translación de los símbolos o resultados del juego no estará sometido a la influencia o control de un factor distinto de los valores numéricos derivados del generador de números aleatorios.

## Sistema de Control Interno

Es el conjunto de componentes destinados a registrar la totalidad de las operaciones y transacciones realizadas en el desarrollo de los juegos al objeto de garantizar a la DGOJ el mantenimiento de un control permanente sobre la actividad de juego del operador.

Este sistema se adecuará a los diferentes canales de comercialización de los juegos y de interacción con los participantes, de tal modo que se asegure la captura, registro y almacenamiento de la totalidad de las operaciones de juegos, operaciones y resultados de eventos de apuestas y sorteos, reparto de premios, operaciones sobre los registros de usuario, transacciones económicas en las cuentas de juego, datos agregados y de control, así como incidencias de funcionamiento de la plataforma de juego.

Sus elementos fundamentales son:

A. Capturador. Es el componente destinado a la captura y registro de los datos de monitorización y control establecidos por la DGOJ, su traducción y almacenamiento en la base de datos segura.

B. Base de datos segura. Es el almacén que contiene los datos de monitorización y control introducidos por el capturador y a la que en todo momento puede acceder la DGOJ. Al menos debe contener las siguientes operaciones:

- Operaciones de juego. Al menos, las participaciones o jugadas confirmadas, las jugadas anuladas o canceladas por el operador, las jugadas denegadas y las operaciones de pago o abono realizadas por el operador.

- Operaciones sobre eventos de juego. Al menos, el alta del evento o eventos que determinen los resultados del juego, la modificación de los parámetros del evento o eventos, los eventos cancelados o anulados por el operador en sus sistemas de juego y resultado del evento o eventos.

- Operaciones de pago de la participación en los juegos y de abono de los premios obtenidos.

- Operaciones sobre los registros de usuario y de juego. Al menos, la apertura de cuenta y los datos aportados por el participante, la aceptación de los términos y condiciones, la modificación de los parámetros de las cuentas, los movimientos económicos, ingresos y pagos, de la cuenta de juego y el cierre de cuentas.

El sistema debe de permitir la captura y registro en tiempo real de los datos relativos a las operaciones de juego y de las transacciones económicas vinculadas a aquellas. Los operadores también deben incluir en la base de datos segura:

- Los datos agregados y de control establecidos por la DGOJ.

- Un registro de incidencias que incluya las interrupciones del servicio o inhabilitación de juegos.

- Cualesquiera otros datos requeridos por la DGOJ de forma general o individual en un procedimiento de control.

La base de datos segura y los registros del operador deberán conservarse por un período mínimo de 6 años.

El Plan de Contingencia Tecnológica se ocupará de los supuestos de indisponibilidad del sistema de control interno, garantizando las funciones de captura y registro de los datos, de las operaciones de juego y de las transacciones económicas vinculadas a aquellas. En el supuesto en el que el sistema de control interno quede fuera de servicio y no disponible, el operador deberá suspender la oferta de juego hasta que el sistema de control interno vuelva a estar activo.

## Homologación, certificación y auditoría de los Sistemas Técnicos de Juego

Corresponde a la DGOJ la homologación de los sistemas técnicos de juego y el establecimiento de las especificaciones técnicas necesarias a tal efecto. Para ello podrá basarse en informes de certificación de la adecuación de aquellos emitidos por entidades debidamente designadas a estos efectos.

La DGOJ establecerá los requisitos técnicos y condiciones que deben cumplir las entidades certificadoras, así como el procedimiento para su solicitud por parte de las entidades interesadas. Las entidades certificadoras serán publicadas en la web de la DGOJ. Los informes deberán contener al menos el siguiente contenido:

a. Descripción detallada de los procesos soportados por la plataforma de juego. Entre otros, el registro de usuario, datos de las sesiones, cuenta de juego, información al participante de las jugadas, sistemas de cobro y pago, mecanismos de limitación a la participación, y cualquier otro que se implemente en el sistema. El informe evaluará asimismo el comportamiento de la plataforma ante caídas del sistema, procedimientos de recuperación, gestión de sesiones, medidas contra el fraude y el blanqueo de capitales, medidas de juego responsable y obligaciones de información a los participantes.

b. Respecto de cada juego la adecuación de las normas implementadas por el software con las establecidas por la reglamentación básica del juego, incluyendo, en su caso, todas las opciones posibles, políticas de bonos, detalle de los premios y de las probabilidades de juego, así como el porcentaje de retorno al jugador.

c. La calidad intrínseca del generador de números aleatorios, tras superar cuantas pruebas estadísticas sean necesarias para demostrar que los datos generados cumplen los requisitos exigidos.

d. Respecto al sistema de control interno, la descripción funcional detallada de los procesos implementados para la captura y el registro en la base de datos segura de las operaciones de juego.

e. Una relación de componentes, software o hardware, calificados como críticos, con la información detallada de su ubicación, su denominación y niveles de revisión. Entre otros, se consideran tales los elementos de los generadores de números aleatorios, los del registro de usuario y la cuenta de juego, el sistema de control interno, las conexiones con la DGOJ y el procesamiento de pagos. La modificación sustancial de estos componentes requiere autorización de la DGOJ. A este respecto existe en la web de la DGOJ una "*Nota Técnica y operativa sobre la gestión de cambios del sistema técnico de juego y la autorización de cambios sustanciales en componentes críticos*" que profundiza en esta materia.

En la solicitud de licencia se acompañará un proyecto técnico en el que se detallarán los aspectos fundamentales del sistema para el desarrollo de actividades de juego y, en particular, los componentes de la Unidad Central de Juegos y del sistema de control interno. El informe preliminar de certificación que acompañará a las solicitudes de licencias se pronunciará al menos sobre el correcto funcionamiento del software de la plataforma, o en su caso, del juego, los elementos de seguridad proyectados y la conexión de los sistemas técnicos del operador. La *Resolución de 6 de octubre de 2014, de la Dirección General de Ordenación del Juego, por la que se aprueban las disposiciones por las que se establecen los modelos de informes preliminares de las certificaciones de los proyectos técnicos y el modelo de informe de certificación de sistema de control interno, presentados por los solicitantes de licencias generales y singulares para la explotación y comercialización de juegos*, viene a establecer el contenido mínimo de dicho informe de certificación preliminar, que viene a superar la primera versión de los modelos de informe preliminares establecidos por la Resolución de 16 de noviembre de 2011 de la Dirección General de Ordenación del Juego.

Una vez que se notifique la resolución de licencia provisional, el operador cuenta con un plazo improrrogable de 4 meses para presentar el informe de certificación definitiva.

A este respecto, la *Resolución de 6 de octubre de 2014, de la Dirección General de Ordenación del Juego, por la que se establece el modelo y contenido del informe de certificación definitiva de los sistemas técnicos de los operadores de juego y se desarrolla el procedimiento de gestión de cambios,* establece esa información que debe presentarse, superando el modelo anterior aprobado por resolución de la DGJO de fecha 12 de julio de 2012.

La homologación de los sistemas técnicos de juego se llevará a cabo por la DGOJ en el plazo de 6 meses desde el otorgamiento provisional de la licencia, y acreditará el cumplimiento de los requerimientos técnicos exigidos para la realización de actividades de juego en territorio español o que se dirijan a participantes españoles o con registro de usuario español. Una vez se cuente con el informe favorable definitivo de homologación la inscripción de licencia provisional pasará a definitiva. En caso de no ser favorable se ordenará la cesación de la actividad del operador.

La DGOJ establecerá los efectos que hubieren de surtir las homologaciones y certificaciones validadas por otros países del Espacio Económico Europeo o por los órganos competentes de las Comunidades Autónomas en los procesos de concesión de títulos habilitantes de juego equiparables.

Concedida la homologación, ésta tendrá una validez de 10 años a contar desde la fecha de emisión del informe correspondiente. Sin embargo, deberá realizarse por una entidad distinta a la que hizo el informe de homologación y certificación una auditoría de los sistemas técnicos cada 2 años, cuyo coste será asumido por el operador. A este respecto se incluye en la web de la DGOJ la denominada *"nota técnica y operativa sobre auditorías bienales de los sistemas técnicos de juego"* y el *"Anexo I Lista de requisitos de funcionalidad bajo el alcance de la auditoría bienal"*.

Si no se aporta el informe de auditoría favorable a la DGOJ, ésta acordará provisionalmente la suspensión de la actividad del operador y revocará la licencia singular correspondiente. Asimismo, la DGOJ también podrá encargar una auditoría en el seno de un procedimiento sancionador.

En la web de la DGOJ hay disponibles distintos documentos que profundizan en los aspectos técnicos del proceso de homologación, detallando entre otras cuestiones y a efectos no exhaustivos, qué elementos deben ser homologados y cuáles no, así como todo tipo de cuestiones técnicas.

Como parte de estos requisitos técnicos se encuentran los sistemas y mecanismos que faciliten la identificación de los participantes en los juegos. Esta parte la estudiaremos en el seno de los procesos de *Due Diligence* en la parte del manual relativa a la prevención de blanqueo de capitales y financiación del terrorismo.

# El contrato de juego: derechos y obligaciones de los participantes y de los operadores

Se entiende por contrato de juego el negocio jurídico bilateral celebrado entre el participante y un determinado operador de juego y al que quedan vinculados los registros de usuario y las cuentas de juego. Cabe precisar que el contrato de juego es distinto y más amplio que el contrato de apuesta, o como se conoce en el Código Civil Español como "contrato aleatorio".

El artículo 1.790 del Código Civil establece que *"Por el contrato aleatorio, una de las partes, o ambas recíprocamente, se obligan a dar o hacer alguna cosa en equivalencia de lo que la otra parte ha de dar o hacer para el caso de un acontecimiento incierto, o que ha de ocurrir en tiempo indeterminado"*. El contrato de apuesta tiene lugar en el contexto de un contrato de juego.

El contrato de juego tiene naturaleza de contrato de adhesión y se formaliza por la aceptación expresa del participante manifestada por cualquier medio válido en Derecho. Cada modificación posterior debe ser aceptada expresamente. Estos contratos son aceptados por el usuario se registra en el portal online del operador.El contrato de juego crea una relación jurídico privada entre el operador y el participante.

Ante un posible conflicto con el operador, y tras haber reclamado a este, puede dirigirse la reclamación contra la DGOJ, llevando a cabo una explicación y justificación pormenorizada de los hechos objeto de reclamación. Dicha reclamación se puede hacer online, y la DGOJ resolverá el sentido de la misma en el plazo de 2 meses desde la fecha de registro. Las competencias de la DGOJ para resolver reclamaciones son limitadas, dado que no tiene competencias para resolver cuestiones de índole estrictamente contractual.

La DGOJ si podrá resolver cuestiones que afecten al ámbito de la atención al cliente y las obligaciones legales de los operadores en su relación con los participantes, siempre que la conducta del operador no sea constitutiva de infracción administrativa ni tenga como fundamente la protección del orden público (prevención del blanqueo de capitales, verificación de identidad o de prohibiciones subjetivas, amaños en competiciones deportivas, etc.). Algunas de las cuestiones que puede resolver pueden ser, por ejemplo:

- Relativas a la omisión del deber de información (falta de información actualizada sobre los importes jugados, premios y ganancias, saldo de la cuenta de juego, no se facilita información del domicilio social del operador, etc.).
- La falta de diligencia en el deber de resolución del operador.
- Omisión de aspectos formales relacionados con la resolución (por ejemplo, si no se resuelve en español).

En cambio, no puede resolver sobre el fondo del asunto en las siguientes materias:

- Conflictos sobre materias u obligaciones contractuales derivadas del contenido e interpretación del contrato de juego.
- El juego ilegal (sin perjuicio de las facultades de inspección y sancionadoras).
- Materias de juego presencial (ya que la competencia corresponde al órgano designado por cada Comunidad Autónoma).
- Materias de juegos desarrollados por la ONCE, toda vez que el control de la actividad es ejercido por el Consejo del Protectorado de la ONCE.

Por tanto, una vez que se ha reclamado al operador, y éste no ha satisfecho la solicitud del participante, y si la DGOJ no tiene competencia por la materia objeto de reclamación, el participante podrá:

- Interponer una demanda ante los Juzgados y Tribunales españoles del orden jurisdiccional civil. Dependiendo de la materia y cuantía se utilizará uno de los siguientes procesos:
  - Juicio ordinario. Para acciones relativas a las condiciones generales de contratación y reclamaciones monetarias de más de 6.000 euros.
  - Juicio verbal. Para reclamaciones monetarias inferiores a 6.000 euros.

- Juicio monitorio. Para reclamaciones monetarias de cuantías vencidas, líquidas y exigibles que cuenten con documentación que las soporte.

  Los juzgados competentes son los de primera instancia (o primera instancia e instrucción) del domicilio del participante

- Acudir alternativamente a la resolución extrajudicial de las controversias en los procedimientos en los que el operador pueda haberse adherido, en su caso, como es la plataforma de resolución de conflictos en línea de la Comisión Europea [14]. Esta posibilidad es voluntaria para el operador, ya que no hay ninguna norma que le obligue a estar adherido a una de estas fórmulas extrajudiciales de resolución de conflictos.

Al margen de las reclamaciones, pueden dirigirse a la DGOJ denuncias por presuntas infracciones en materia regulatoria, que pueden activar el mecanismo de inspección y en su caso régimen sancionador.

Es práctica habitual que el operador puede suspender cautelarmente el contrato de juego ante indicios de colusión, uso fraudulento o cesión de uso del registro de usuario a terceros, y cancelarlo unilateralmente en caso de tener elementos de juicio suficientes que puedan considerar

---

[14] https://ec.europa.eu/consumers/odr/main/index.cfm?event=main.home2.show&lng=ES

probados dichos comportamientos, en cuyo caso se cursará notificación al respecto al DGOJ.

Por ejemplo, en la Sentencia de la Audiencia Provincial de Asturias, de 11 de noviembre de 2019 se dictaminó, después de analizar las cláusulas y los términos y condiciones del operador, que un acertante de una apuesta de contrapartida tiene derecho a percibir el premio, que el operador pretendía retener de forma cautelar en base a un supuesto comportamiento fraudulento colusorio del apostante ejecutando una cobertura a la apuesta a través de una persona conocida, pero haciendo uso de la misma IP. El comportamiento colusorio no queda demostrado en este caso por el operador a ojos del Tribunal y por tanto no puede quedar el premio retenido. Sin embargo, la sentencia declara varias cláusulas del contrato de juego del operador como nulas.

En otros casos, por ejemplo, en la Sentencia del Tribunal Supremo de 5 de marzo de 2020 se estima un recurso presentado por Sportium en relación con 78 apuestas acertantes y premiadas de un apostante por importe de 2.773.164 euros al haberse aprovechado de un error matemático. El Tribunal declara nula por abusiva una cláusula que permite invalidar apuestas en caso de errores humanos de los empleados del operador o errores de tipo informático, en tanto que deja al arbitrio del operador la voluntad de cumplir el contrato, pero no obstante no se le concede al apostante el derecho a recibir el premio por motivo del volumen de apuestas realizadas y la desproporción existente entre el riesgo asumido y el beneficio obtenido. Ello supone la pérdida de la "aleatoriedad" al contrato un abuso del derecho y mala fe.

La Audiencia Provincial de Zaragoza, en Sentencia de 8 de marzo de 2019 analiza la validez de una cláusula incluida en el contrato de juego de un operador, por la cual este puede retener el importe apostado sin aceptar la apuesta cuando la cuota fijada difiera en más del 100% de la media de dos operadores españoles para el mismo evento. Parece ser que, en el caso enjuiciado, hubo un error informático que elevó la cuota del evento deportivo, y a concurrir el presupuesto citado la puesta quedó rechazada. La Audiencia estima válida dicha cláusula y niega por ende la ganancia al apostante-reclamante.

La Audiencia Provincial de Valencia en sentencia de 26 de marzo de 2019 confirma la nulidad de la cláusula de un contrato de juego de un operador online que permitía a su discreción unilateral cerrar o suspender el registro de usuario del cliente en cualquier momento y por cualquier motivo. También declara la nulidad de la misma clausula a la hora de reservarse el derecho a denegar una apuesta realizada, a su libre albedrío.

El contrato de juego debe contener como mínimo las siguientes menciones:

- Datos identificativos del participante.
- Objeto del contrato.
- Procedimiento de activación del registro de usuario y de juego.
- Operaciones que pueden ser realizadas en el registro de usuario y de juego.
- Relación de los servicios accesorios ofrecidos al participante, precio y forma de pago de los mismos.
- Derechos y obligaciones del participante.

- Obligaciones, responsabilidad y derechos del operador.
- Formas de cancelación, resolución y suspensión en los registros de usuario y las cuentas de juego, así como sus efectos.
- Eficacia y duración del contrato.
- Tratamiento de los datos personales.
- Tratamientos de los registros de usuario inactivos y procedimiento para su activación en los supuestos de suspensión.

No obstante, el principio de información de las orientaciones de la DGOJ que más adelante explicamos recomienda también contener:

- Identificación del operador de juego.
- Detalle de los títulos habilitantes otorgados por la DGOJ.
- Reglas particulares de los tipos de juego.
- El servicio de atención al cliente, el sistema de resolución de quejas y reclamaciones, así como sus canales de acceso y funcionamiento. También información sobre la entidad de resolución alternativa de litigios.
- Las condiciones de uso y efectos de la facultad de autoexclusión.
- El funcionamiento de los mecanismos de limitación de depósitos.
- Las medidas de juego responsable legalmente exigibles.
- Restricciones que pueda haber sobre el número de retiradas diarias de fondos por parte del participante.

- Los procedimientos de verificación de identidad y de los medios de pago a emplear por el operador.

- Los posibles costes, si los hubiere, para registros inactivos por más de dos años.

- El contenido y condiciones de las actividades de promoción y fidelización de clientes.

La DGOJ puede desarrollar el listado anterior y dictar instrucciones en relación con aquellas cláusulas que puedan ser consideradas abusivas o perjudiciales para los participantes o lesivas para el interés público.

Aunque se prevé en la regulación que el titular del Ministerio de Economía y Hacienda puede aprobar modelos de contrato que podrán ser voluntariamente empleados por los operadores de juego, lo cierto es que lo que se ha aprobado es un documento llamado "*Orientaciones para la redacción y contenido de las cláusulas generales de los contratos de juego sujetos a licencia estatal, así como diversos aspectos a tener en cuenta en su aplicación*" por parte de la DGOJ. Es un conjunto de principios que deben informar los contratos de juego de los operadores, tanto en su redacción y contenido como en su interpretación y aplicación. Si bien son meras recomendaciones, se consideran "*softlaw*" en el sentido de que pueden utilizarse para resolver discrepancias, conflictos o reclamaciones que puedan originarse entre operador y participante, por lo que podemos considerarlas "fuentes del derecho" en este ámbito. Se desgranan los siguientes principios:

- Principio de aceptación expresa del participante. Para la formalización del contrato de juego resulta necesaria la previa aceptación expresa del participante en todos los contratos que pretendan ser vinculantes intra partes y en sus posteriores modificaciones. Cualquier pago por servicios adicionales requerirá que medie nuevo consentimiento.

- Principio de legalidad. Los contratos se ajustarán a la legislación vigente, como la legislación estatal de actividades de juego, protección de los consumidores usuarios, las cláusulas generales de contratación, la protección de datos de carácter personal, la normativa de prevención de blanqueo de capitales y cualquier otra normativa de aplicación.

- Principio de información. Se ha descrito más arriba junto al contenido necesario del contrato.

- Principio de utilidad de la información. Se refiere a las características de claridad, relevancia, confiabilidad, pertinencia, integridad, comprensibilidad y accesibilidad que deben regir la redacción del clausulado.

- Principio de responsabilidad. Se describirán las consecuencias del incumplimiento de los operadores y de los usuarios de las obligaciones que les corresponden. El operador no podrá exonerar su responsabilidad fundamentándose en errores administrativos, operativos o de gestión, propios o de terceros, como sus proveedores.

- Principio de interpretación. En caso de contradicción entre documentos contractuales o entre las condiciones generales y las promociones, prevalecerán las cláusulas más favorables al participante.

- Principio de motivación. Las decisiones que adopte el operador respecto a cuestiones incluidas en el contrato estarán fundadas en motivos aceptados en Derecho, tasados y especificados en el contrato o promoción. Con especial atención a las decisiones adoptadas en procesos de verificación/comprobación previos al abono de premios, compensación o retención parcial o total de fondos, cancelación de la apuesta, pronóstico o jugada, aplicaciones de limitaciones o restricciones al desarrollo de los juegos y a la suspensión, resolución o cancelación del contrato de juego.

- Solución de conflictos. Se consignarán los procedimientos de resolución alternativa de litigios de consumo y de la posibilidad de acudir a la jurisdicción competente.

## Derechos y obligaciones del operador en relación con el contrato de juego

Obligaciones:

- Verificar, al menos con periodicidad anual, que los participantes titulares de los registros de usuario no figuran inscritos en el Registro General de Interdicciones de Juego.

- Conservar el contrato de juego y el detalle analítico de los movimientos de la cuenta del jugador y las jugadas efectuadas por un periodo de 6 años desde la cancelación del registro de usuario.

- Adoptar las medidas necesarias para proteger los datos del participante.

- Solicitar el consentimiento expreso del participante para la prórroga o novación del contrato.

- Verificar periódicamente la correcta utilización de la cuenta de juego notificando al DGOJ y al SEPBLAC cualquier tipo de anomalía o violación que se detecte.

- Notificar a la DGOJ los datos identificativos de los participantes que pudieran suponer un riesgo de colusión o que hayan utilizado fraudulentamente en la cuenta de juego tarjetas de crédito.

- Registrar de manera inmediata en la cuenta de juego, mediante cargos y abonos, todas las operaciones, incluyendo los elementos identificativos completos de las mismas, y en particular, los relativos a jugadas, ganancias, devoluciones, ingresos, reintegros o bonus recibidos.

- Realizar el abono de los premios según las exigencias marcadas, comprobando previamente que el participante no se encuentra incurso en alguna de las prohibiciones subjetivas.

- Contar con una o varias cuentas corrientes bancarias en España, exclusivas y diferenciadas de otras cuentas del operador para los fondos depositados por los participantes. El operador no podrá disponer de los importes depositados para fines distintos al desarrollo ordinario de los juegos y deberá limitar la disposición a los correspondientes apoderados notificados a la DGOJ, junto con el procedimiento en el que, interviniendo una entidad financiera o aseguradora, se garantice la correcta disposición de los fondos depositados.

- Cumplir con el deber de información a los participantes, facilitando:

  - Información sobre el operador y sus títulos habilitantes. Al menos sobre su nombre comercial, denominación social, domicilio social y representante en España en su caso.

  - Información sobre el sistema de atención a reclamaciones, su dirección electrónica y postal (en su caso), modelos normalizados y plazos, así como de la obligación del operador de contestar la reclamación.

  - Información sobre las reglas particulares y las formas de participación.

  - Información, en su caso, sobre todas aquellas circunstancias que puedan influir en el resultado del evento.

  - Información sobre la recaudación de las apuestas realizadas y el porcentaje destinado a premios, y tan pronto como se conozca el importe destinado a premios por cada apuesta y evento, y en su caso por categoría de premios.

  - Información sobre los premios obtenidos e importe apostado, así como saldo de cuenta de juego, de los jugadores.

  - Información sobre las políticas de juego responsable.

- Deberá contar con un sistema de atención y resolución de las eventuales quejas y reclamaciones de los participantes, que será detallado en cuanto a plazos y procedimientos en las reglas particulares. El plazo para reclamar será de al menos 3 meses desde la celebración del evento, y deberá resolverse en un plazo de un mes desde la recepción de la reclamación. Resuelta la reclamación o sin resolver, transcurrido este mes el participante podrá presentar la reclamación ante la DGOJ. Deberá tener un acceso electrónico desde de la web del operador y la atención será gratuita y al menos, en castellano.

Derechos:

Como es obvio, se trata del precio que ha de satisfacer el participante para la participación en los juegos, que se efectuará en la forma establecida por el operador en las reglas particulares de cada juego.

A este respecto el operador informará de los medios de pago admitidos para la realización de los depósitos y pagos. En caso de que por alguna causa se debieran devolver las cantidades pagadas por los participantes, se deberá efectuar la devolución utilizando el mismo medio de pago usado por el participante salvo que las condiciones de ese medio de pago no lo permitieran, en cuyo caso se deberá informar de esta limitación.

# Derechos y obligaciones de los participantes en relación con el contrato de juego

Obligaciones:

- Su identificación.

- Cumplir las normas y reglas que se establezcan en la reglamentación básica de los juegos.

- No alterar el normal desarrollo del juego.

- Adoptar comportamientos basados en la honestidad y el respeto hacia los demás participantes y hacia el operador del juego.

- No ceder el registro de usuario a terceros, ni facilitar el uso no autorizado del mismo.

- No realizar transferencias a cuentas de juego de otros jugadores.

Derechos:

- A obtener información clara y veraz sobre las reglas del juego.

- A cobrar los premios que les pudieran corresponder en el tiempo y forma establecidos en la normativa de cada juego.

- A formular ante la DGOJ las reclamaciones oportunas que afecten a sus intereses.

- Al tiempo de uso correspondiente al precio de la partida que se trate.

- A jugar libremente sin coacciones de otros jugadores o de terceros.

- A conocer el importe jugado y al conocer el saldo de su cuenta de usuario.

- A identificarse de modo seguro mediante su DNI, pasaporte o equivalente, así como a la protección de sus datos personales, aunque esto también se configura como una obligación.

- A conocer en todo momento la identidad del operador de juego, y en el caso de reclamaciones y posibles infracciones la identidad del personal que interactúe con los participantes.

- A recibir información sobre la práctica responsable del juego.

- A que le sea puesta a su disposición una copia del contrato inicial suscrito y de sus eventuales modificaciones.

## El registro de usuario y cuenta de juego

Se entiende por registro de usuario el registro único que permite al participante acceder a las actividades de juego de un determinado operador y en la que se recogen, entre otros, los datos que permiten la identificación del participante y los que posibilitan la realización de transacciones económicas entre éste y el operador de juego.

El participante podrá, a través del registro de usuario, realizar consultas y operaciones de juego, y dispondrá en todo caso y en tiempo real del saldo de la cuenta de juego vinculada y del registro de todas las participaciones o jugadas efectuadas, al menos en los últimos 30 días.

Se entiende por cuenta de juego la cuenta abierta por el participante y vinculada a su registro de usuario en el que se cargan las cantidades económicas destinadas por éste al pago de la participación en las actividades de juego y otros servicios adicionales que pudiera prestar el operador y se abonan los depósitos del participante, los eventuales bonos ofrecidos por el operador y los derechos de crédito por los premios obtenidos por el participante. La cuenta de juego no puede presentar en ningún caso saldo acreedor ni devengará intereses, y estará expresada en euros.

En la comercialización de la modalidad de juego de concursos no será exigible la apertura de un registro de usuario y de una cuenta de juego cuando, por la naturaleza del procedimiento de participación, sea incompatible su utilización.

Los participantes podrán solicitar, sin coste alguno, la transferencia de los fondos de su cuenta de juego, quien deberá ordenar al medio de pago que corresponda dicha transferencia en un plazo máximo de 24 horas, salvo causa excepcional que lo justifique previamente notificada a la DGOJ.

La cancelación del contrato de juego conllevará la cancelación de los registros de usuario y las cuentas de juego.

Los operadores de juego deberán establecer límites económicos a los depósitos que pueden efectuar los participantes, y que no pueden ser superiores a:

   a) 600 euros para el importe diario.

   b) 1.500 euros para el importe semanal.

   c) 3.000 euros para el importe mensual.

Los participantes podrán solicitar el incremento o desaparición de estos límites, y para atender esta petición los operadores exigirán cumulativamente que la persona jugadora:

- Supere las pruebas de prevención de conductas adictivas al juego y de juego seguro que se hayan establecido al efecto. En particular nos referimos al Test de juego responsable y de prevención de conductas adictivas del juego, establecido por la *Resolución de 16 de noviembre de 2011, de la Dirección General de Ordenación del Juego*, y que comentamos a continuación.

- No haya incurrido en un comportamiento de riesgo de adicción en los últimos 3 meses según el análisis de su trayectoria bajo los criterios existentes al respecto, y en ausencia de los mismos, bajo los criterios propios del operador de conformidad con la normativa aplicable en materia de juego responsable.

Los nuevos límites serán de aplicación en un plazo de 3 días y no podrá solicitarse un nuevo aumento de los límites hasta el transcurso de 3 meses. Del mismo modo, los operadores deberán posibilitar a los participantes la opción de establecer voluntariamente límites inferiores a los anteriormente mencionados.

Por tanto, cuando el participante solicite la desaparición de cualquier limitación en sus depósitos o solicite por primera vez el aumento de los límites de los mismos, los operadores deberán facilitar la cumplimentación del test de juego responsable y de prevención de conductas adictivas del juego. En el supuesto de que alguna de las preguntas siguientes sea afirmativa, el operador no podrá incrementar el importe de los depósitos ni suprimir el límite que se tenga establecido.

1. ¿Se encuentra a menudo recordando experiencias pasadas de juego, planificando la próxima vez que va a jugar y/o se plantea formas de conseguir dinero con el que jugar?

2. ¿Ha jugado alguna vez más dinero de lo que tenía pensado?

3. ¿Intenta controlar, interrumpir o detener el juego?

4. ¿El intento de interrumpir o detener el juego le produce inquietud o irritabilidad?

5. ¿Juega para evadirse de algún problema?

6. Cuando usted se juega dinero, ¿vuelve otra vez a jugar para recuperar el dinero perdido?

7. ¿cree usted que tiene algún problema con el juego?

8. ¿Financia su actividad de juego mediante dinero familiar, préstamo, falsificación, fraude o robo?

9. ¿Ha perdido alguna vez tiempo de trabajo o de clase debido al juego?

10. ¿Ha acudido a alguien para que le ayude con sus problemas económicos producidos por el juego?

El jugador no podrá solicitar nuevamente un aumento o la desaparición de los límites hasta que no hayan transcurrido 7 días desde la realización del test. Si se responde negativamente a todas las preguntas del test, el operador podrá proceder consecuentemente en el plazo de 7 días.

Cuando se trate de la segunda o ulteriores peticiones de aumento de límites realizada por el mismo participante, el operador deberá realizar un análisis histórico de la trayectoria del participante. Los operadores remitirán a la DGOJ el procedimiento para realizar el análisis histórico, con indicación de la ponderación de cada uno de los factures del mismo, incluyendo al menos la frecuencia y duración de las conexiones y la cadencia e intervalo de los depósitos. Los nuevos límites entrarán en vigor transcurridos tres días contados desde que el análisis se resuelva con resultado positivo.

# La especial protección de los consumidores en el juego

A nivel europeo encontramos principalmente:

El Dictamen del Comité Económico y Social Europeo sobre la Comunicación de la Comisión al Parlamento Europeo, al Consejo, al Comité Económico y Social Europeo y al Comité de las Regiones *"Hacia un marco europeo global para los juegos de azar en línea"*, de 19 de septiembre de 2013.

La Recomendación de la Comisión, de 14 de julio de 2014, relativa a los principios para la protección de los consumidores y usuarios de servicios de juego en línea y a la prevención del juego en línea entre los menores, que fija las líneas centrales que sería conveniente seguir por los Estados miembros.

Conviene recordar que ni los dictámenes ni las recomendaciones tienen efectos vinculantes ni fijan ningún tipo de obligación para los Estados Miembros.

La recomendación de la Comisión de 14 de julio de 2014 es posterior a la mayoría de la normativa nacional española (2011), aunque a raíz de su publicación es cierto que varias de las órdenes ministeriales reguladoras de cada tipo de juego experimentan modificaciones en 2014 y claramente tienen impacto en el Real Decreto regulador de las comunicaciones comerciales de las actividades de juego (2020).

La mayoría de las recomendaciones concretas que menciona la Recomendación ya estaban incluidas en la regulación española anteriormente, lo que hace pensar que el Estado Español ha ido por delante a la hora de regular este tipo de cuestiones y su experiencia ha servido para informar esta Recomendación, que posiblemente haya tenido más impacto práctico en la regulación de otros Estados Miembros.

Las líneas que recomienda seguir la Comisión son:

- En materia de información. Debe facilitarse la siguiente:

  ○ Información en la web del operador: los datos del operador, un aviso del límite de edad exigido, un mensaje de juego responsable y un enlace a una organización que ofrezca información sobre los trastornos asociados al juego y asistencia al respecto.

  ○ Condiciones de la relación contractual entre operador y consumidor: plazos y límites de las retiradas de fondos, gastos relacionados con las transacciones y porcentajes de devolución de premios para cada jugador. Las condiciones deben ser aceptadas por el consumidor y estar disponibles para guardarlas y recuperarlas, así como ser comunicado cada cambio en ellas.

  ○ Información sobre las normas relativas a los juegos y las apuestas disponibles en el sitio web del operador.

  ○ Información sobre los datos de la autoridad reguladora.

- En materia de menores:

  ○ Ningún menor debe poder participar en actividades de juego ni ser titular de una cuenta de usuario, y los operadores deben tener procedimientos para hacer esto efectivo. Asimismo, contener enlaces a programas de control parental.

- ○ Las comunicaciones comerciales no deben resultar perniciosas para los menores ni inducirlos a considerar el juego como un elemento natural de sus actividades de ocio, y deben contener un mensaje claro de límite de edad.

- ○ Procurar que las comunicaciones comerciales no sean facilitadas en medios de comunicación, sitios webs o lugares en los que la audiencia esté compuesta predominantemente por menores.

- ○ Las comunicaciones comerciales no deben aprovechar la inexperiencia o falta de conocimiento de menores, utilizar imágenes de menores o campañas especialmente atractivas para menores, o atraerlos o asociarlos a una cultura de juego o sugerir que el juego marca la transición entre la adolescencia y la edad adulta.

- En materia de registro y cuenta de usuario:

  - ○ Se debe permitir participar solamente a las personas registradas como usuarios y titulares de una cuenta de juego.

  - ○ En el proceso de registro para abrir una cuenta de usuario debe requerirse al menos el nombre y apellidos, dirección y fecha de nacimiento, que deberán ser verificados por el operador con bases de datos, registros oficiales y documentos oficiales, y dirección de correo electrónico o teléfono móvil, que deberán ser también validados por el operador.

○ El proceso de registro no debe ser innecesariamente gravoso y debe permitir medios de identificación alternativos cuando el consumidor no tenga número de identificación o las bases de datos se encuentren indisponibles. Asimismo, permitir acceder a una cuenta temporal hasta que se haya verificado la identidad y dotar a la misma de una identificación única de usuario y una contraseña de seguridad.

○ Garantizar que los fondos de los usuarios están protegidos y separados de los fondos del operador, y que solo puedan abonarse al usuario.

○ Evitar la colusión entre usuarios y las transferencias de dinero entre ellos.

- En materia de actividad del usuario y medidas de apoyo:

○ Se debe permitir la fijación de límites voluntarios de depósitos del usuario, así como límites temporales, y velar por su cumplimiento. La reducción de límites debe posibilitarse con efecto inmediato, pero el aumento solo tras un plazo de 24 horas.

○ Posibilitar que el usuario reciba por defecto y a intervalos regulares alertas de información sobre pérdidas y ganancias, y sobre el tiempo jugado.

- Fácil accesibilidad por el usuario al saldo de la cuenta, la función de apoyo al usuario para el juego responsable mediante formularios en línea o contactos personales y enlaces a organizaciones que ofrecen ayuda en este sentido.

- Velar por que no se pueda participar en actividades de juego a menos que el usuario tenga fondos suficientes para cumplir la apuesta o jugada, ni permitir la concesión de préstamos al usuario.

- Disponer de estrategias y procedimientos que faciliten la interacción con los usuarios cuyo comportamiento indique un riesgo de desarrollo de un trastorno relacionado con el juego.

- Poner a disposición del usuario un registro de los depósitos y ganancias durante un periodo de tiempo determinado.

- En materia de actividad de tiempo muerto y autoexclusión

  - Posibilitar que el usuario pueda activar en la web del operador las funciones de tiempo muerto y autoexclusión de un determinado juego en línea o de todos los tipos de servicios de juegos en línea. El tiempo muerto debe tener un período mínimo de 24 horas y la autoexclusión de 6 meses, y en este último caso se cierra la cuenta de usuario.

- Se anima a que se establezca un registro nacional de autoexcluidos que pueda ser consultado por los operadores a fin de permitirles el acceso al juego.

- En materia de educación y sensibilización

  - Se insta a los Estados, organizaciones de consumidores y operadores a organizar o promover campañas regulares de educación y sensibilización de los consumidores y los grupos vulnerables (incluidos menores) sobre el juego en línea.

  - Se insta a informar y formar a los empleados de los operadores que trabajen con actividades relacionadas con el juego sobre los riesgos asociados al juego en línea y cómo responder ante ellos.

- En materia de supervisión

  - Se insta a designar autoridades reguladoras independientes que garanticen y vigilen los principios contenidos en la recomendación.

- En materia de comunicación comercial

  - El operador debe ser claramente identificable y los mensajes de las comunicaciones comerciales prácticos y transparentes, y que incluyan al menos, los riesgos para la salud que conllevan los problemas con el juego.

  - Las comunicaciones comerciales no deberán hacer declaraciones infundadas acerca de las probabilidades de ganar o el rendimiento que se puede esperar del juego, sugerir que se puede influir en el resultado de la jugada si no es el caso, ejercer presión para jugar o desacreditar la decisión de no jugar, describir el juego como socialmente atractivo o contener mensajes de personajes famosos o celebridades que sugieran que el juego contribuye al éxito social, sugerir que el juego puede ser una solución a problemas sociales, profesionales o personales o que puede ser una alternativa al empleo, una solución a problemas financieros o una forma de inversión financiera.

o Las comunicaciones comerciales no deberán dirigirse específicamente a usuarios vulnerables y en particular a aquellos excluidos o autoexcluidos por problemas con el juego.

o Debe tenerse en cuenta el riesgo potencial en las comunicaciones comerciales.

- En materia de patrocinio

  o El patrocinio de los operadores debe ser transparente y los patrocinadores deben ser claramente identificables.

  o El patrocinio no debe afectar negativamente ni influir en menores, no permitiendo el patrocinio de actos o productos pensados para o destinados principalmente a menores.

  o Las partes patrocinadas deben verificar la autorización del patrocinio de conformidad con el Derecho nacional.

Por tanto, a nivel europeo se dan recomendaciones que no son vinculantes.

A nivel de Ordenamiento Jurídico Español, además de las disposiciones en vigor del Real Decreto Legislativo 1/2007, de 16 de noviembre, por el que se aprueba el texto refundido de la Ley General para la Defensa de los Consumidores y Usuarios y otras leyes complementarias, la LRJ y el reciente Real Decreto 958/2020, de 3 de noviembre, de comunicaciones comerciales de las actividades de juego, han querido especialmente proteger al consumidor del juego.

En el desarrollo de la actividad de juego, los operadores están sujetos a una política integral de responsabilidad social corporativa que contemple el juego como un fenómeno complejo y persiga prevenir, sensibilizar, intervenir, controlar y reparar los efectos negativos que se puedan causar.

A este respecto, los operadores deberán elaborar un plan de medidas activas de juego seguro que formará parte del plan operativo al que someterá su actividad y en el que se concretará de forma expresa la implementación que el operador realizará de las políticas de información y protección a las personas usuarias. Dicho plan deberá estar permanentemente actualizado y a disposición de la DGOJ.

Los operadores deberán designar a una persona responsable del juego seguro que actuará como punto de contacto con DGOJ. Esta persona desempeñará funciones de supervisión de las políticas de juego seguro puestas en práctica por el operador y elaborará una memoria anual sobre las actividades realizadas por el operador en este ámbito. Estas funciones no serán incompatibles con otras que la persona pueda desarrollar dentro de la organización siempre y cuando no impliquen dependencia del departamento de publicidad.

La normativa obliga a combinar las siguientes acciones:

## Acciones de prevención

Los operadores deben disponer con una visibilidad clara en su página web y aplicaciones móviles de juego de un enlace directo a información sobre juego seguro y tendrá la denominación de "*juego seguro*" o "*juego responsable*". Junto a dicho acceso, los operadores habilitarán el enlace a los portales públicos sobre juego seguro que ponga a disposición la DGOJ.

En palabras del Ministerio de Hacienda, el concepto de juego responsable se fundamente en "*la elección racional y sensata de las opciones de juego, que tenga en cuenta la situación y circunstancias personales del jugador, impidiendo que el juego se pueda convertir en un problema. El juego responsable implica una decisión informada y educada por parte de los consumidores con el único objetivo del entretenimiento, la distracción y en el cual el valor de las apuestas no supera nunca lo que el individuo se puede permitir.*"

En la sección sobre juego seguro se incluirá al menos la siguiente información:

- Información general sobre juego seguro y los posibles riesgos del juego.

- Prohibición de jugar a menores de edad.

- Facultad de autoprohibición y condiciones de ejercicio.

- Límites de depósitos y su operativa de funcionamiento y modificación.

- Posibilidad de autoexclusión temporal de la cuenta de juego.

- Referencia a, al menos, una organización que ofrezca información sobre los trastornos asociados con el juego y que pueda ofrecer asistencia al respecto en todo el territorio nacional, así como a la sección correspondiente disponible en la web oficial de la autoridad encargada de la regulación del juego.

- Referencia a las estructuras del Sistema Nacional de Salud que desarrollan servicios de prevención y atención a los trastornos asociados con el juego.

- Información sobre la existencia de mecanismos de control parental.

- Referencia a estudios y proyectos en materia de juego seguro promovidos y, en su caso, hechos públicos por el operador.

- Test de autoevaluación del comportamiento de juego, con identificación de la entidad que lo ha elaborado o aprobado y de las reglas para la interpretación de los resultados obtenidos.

- Existencia de mecanismos de detección de comportamientos de riesgo, con referencia a las acciones que el operador adoptará al detectarse tales comportamientos.

- Teléfono de asistencia en materia de juego seguro, con indicación acerca de si ese servicio se presta por el operador o por terceros y el contenido de la asistencia.

Diferenciada de la sección anterior se incluirá en las páginas web o aplicaciones de los operadores un acceso directo con la intitulación "juego autorizado" con información relativa a los títulos habilitantes de su titularidad y un vínculo a la web oficial de la DGOJ.

También de forma diferenciada se incluirá la prohibición de jugar a menores de edad mediante un acceso directo a información sobre el procedimiento de registro de usuario y las consecuencias de detectar una persona menor, y la posibilidad de ejercer la facultad de autoprohibición mediante un acceso directo a la web de la DGOJ para el ejercicio de esta facultad.

Si el operador ejerce su actividad también en establecimientos abiertos al público, deberá colocar en los mismos de forma claramente visible la prohibición de menores de edad y personas que hayan ejercido la facultad de autoprohibición.

En las órdenes reguladoras de algunos juegos se incluyen medidas específicas en materia de juego seguro en relación con modalidades concretas de juego, como pueden ser, por ejemplo, las relativas al juego de máquinas de azar, con previsiones relacionadas con la configuración previa del gasto y tiempo de la sesión, el cierre de la misma al superarse los umbrales determinados o el establecimiento de avisos periódicos al usuario sobre el tiempo transcurrido.

*El Real Decreto 1614/2011, de 14 de noviembre, por el que se desarrolla la Ley 13/2011, de 27 de mayo, de regulación del juego, en lo relativo a licencias, autorizaciones y registros de juego*, incluye disposiciones relativas al acceso al juego, a la información a la persona participante sobre su actividad de juego, a los límites de los depósitos, o al Registro General de Interdicciones de Acceso al Juego.

*El Real Decreto 1613/2011, de 14 de noviembre, por el que se desarrolla la Ley 13/2011, de 27 de mayo, de regulación del juego, en lo relativo a los requisitos técnicos de las actividades de juego,* establece previsiones relativas a la identificación previa de las personas participantes en los juegos y al control de las prohibiciones de acceso de, entre otros, menores de edad y personas que hayan ejercido la facultad de autoprohibición.

Información sobre juego seguro y comportamientos de riesgo

Los operadores habilitarán un teléfono de atención al cliente (sin tarificación especial) en el que se prestará información y asistencia en materia de juego seguro, al menos en castellano. El número de teléfono será visible al menos en la sección de juego seguro de la página principal del operador. En el mismo se informará al menos de:

- Los riesgos que puede generar la actividad de juego.

- La posibilidad de realizar un test de autoevaluación.

- La posibilidad de ejercer las facultades de autoprohibición o de autoexclusión.

- Los servicios públicos de prevención y atención a los trastornos asociados con el juego.

Este servicio se prestará directamente por el operador, de forma individual o conjunta con otros operadores, o a través de terceros, a través del correspondiente acuerdo firmado al efecto, que deberá ser comunicado a la DGOJ en el mes siguiente a su firma.

Dentro de las acciones preventivas podemos incluir también la prohibición expresa por mandato legal de concesión de préstamos ni cualquier otra modalidad de crédito o asistencia financiera a los jugadores.

La propia regulación de la publicidad y patrocinio constituye un mecanismo de prevención en sí mismo, pero debido a su extensión lo estudiamos como un punto separado.

## Acciones de sensibilización

La DGOJ puede requerir la colaboración del operador para comunicar a los usuarios registrados la existencia de cuestionarios sobre su experiencia y hábitos de juego, y facilitar el acceso a los mismos, de cara a promover o abordar estudios estadísticos en materia de juego seguro y patrones de juego.

El operador podrá comunicar a la DGOJ la decisión de abordar estudios sobre el juego seguro, por sí mismo o en conjunción con otros operadores o entidades, así como su resultado final, a los efectos de que sean difundidos públicamente a través de sus medios web.

## Acciones de intervención y control por parte de los operadores

### Detección de comportamientos de riesgo de los usuarios

Los operadores deberán establecer mecanismos y protocolos que permitan detectar los comportamientos de riesgo de los usuarios registrados. A estos efectos se tendrán en cuenta los criterios o indicadores objetivos que revelen patrones de actividad como, por ejemplo, el volumen, la frecuencia y la variabilidad de las participaciones o los depósitos, sin perjuicio de otros elementos cuantitativos o cualitativos que puedan resultar relevantes de acuerdo con la mecánica de los distintos juegos o con la experiencia del operador.

Una vez que el operador detecte a la persona que ha desarrollado un comportamiento de riesgo, y sin perjuicio de otras medidas a adoptar en el marco de la responsabilidad social corporativa, se lo comunicará por correo electrónico o medio equivalente y se restringirá al usuario de las comunicaciones comerciales. El mensaje contendrá información relativa a las participaciones y gasto de la persona en el período reciente que determine el operador ya la posible existencia, en su caso, de cambios en los patrones de conducta de juego o de gasto de jugador, así como las recomendaciones de, como mínimo, acceder a la zona de juego seguro, cumplimentar el test de autoevaluación y consultar las herramientas de control de actividad de juego y gasto existentes, incluyendo la autoexclusión y la autoprohibición.

Antes del 31 de enero de cada año, el operador deberá comunicar a la DGOJ, respecto al año anterior, una versión actualizada de la descripción de los mecanismos y protocolos implementados para la detección y actuación de los comportamientos de riesgo, el número total de personas con comportamiento de riesgo detectadas, así como las acciones realizadas y el seguimiento y efecto de las mismas.

La DGOJ puede desarrollar los concretos mecanismos para la detección de los comportamientos de riesgo y el contenido de los protocolos que deben adoptar los operadores en su caso.

Suspensión de cuentas de juego por autoprohibición y por autoexclusión

Una vez sea comunicada al operador la inscripción de alguno de sus usuarios activos en el Registro General de Interdicciones de Acceso al Juego se procederá, mientras que dicha inscripción no sea cancelada, a la suspensión de su cuenta y a la comunicación de las consecuencias asociadas a dicha suspensión. Mientras dure la suspensión no se podrán realizar depósitos ni participaciones, pero si se podrá solicitar la transferencia del saldo de su cuenta de juego y de los premios ganados con anterioridad.

Sin perjuicio de lo anterior, el operador pondrá a disposición de las personas jugadoras la posibilidad de autoexcluirse, lo que supondrá la suspensión temporal de su cuenta de juego, sin posibilidad de hacer depósitos o participaciones, y cuantas otras consecuencias determine el contrato de juego. Dicha exclusión se hará efectiva en un plazo máximo de 48 horas desde la solicitud y será irrevocable durante el plazo señalado por el participante.

## Acciones Reparadoras de los efectos negativos producidos.

Los operadores tienen la obligación de elaborar un plan de medidas de mitigación de los posibles efectos perjudiciales del juego sobre las personas.

# La publicidad y patrocinio de las actividades de juego

La actividad de publicidad, patrocinio y promoción de actividades de juego está especialmente regulada, como materialización de las medidas de prevención a las que acabamos de aludir.

Para que se puedan llevar este tipo de actividades se requiere que el operador de juegos esté habilitado en sus correspondientes licencias para desempeñar cualquier actividad de publicidad, patrocinio o promoción de los juegos de suerte, envite o azar y de sí mismo como operador de juego, quedando por tanto prohibida cualquier publicidad, patrocinio o promoción que no cuente con la autorización correspondiente.

La LRJ establece un mandato para regular de forma reglamentaria las condiciones y límites que deben cumplirse para:

- El envío de comunicaciones publicitarias o promocionales por correo electrónico (que además solo será posible si el destinatario ha prestado su consentimiento).

- La publicidad de los juegos en los medios de comunicación y otros soportes publicitarios.

- El patrocinio de eventos deportivos objeto de apuestas.

- La inserción de carteles publicitarios de juego en lugares donde se celebren acontecimientos sobre los que recaigan apuestas.

- El desarrollo de concursos televisivos.

La LRJ asimismo contiene expresamente un mandato a las agencias de publicidad, medios de comunicación y similares a constatar que su cliente dispone del título habilitante necesario para llevar a cabo dicha publicidad, absteniéndose en caso contrario. Se entenderá que las agencias o medios obraron de buena fe en el caso de que cuenten con un informe de consulta previa positivo del sistema de autorregulación publicitaria (Autocontrol).

La disposición transitoria primera del Real Decreto de 1614/2011, de 14 de noviembre, por el que se desarrolla la Ley de Regulación del Juego, en lo relativo a licencias, autorizaciones y registros de juego, establece un régimen transitorio aplicable a la publicidad de las actividades de juego, por el cual, hasta que se publicará el decreto regulador de dicha materia sería de aplicación lo dispuesto en:

- La Ley 34/1988, de 11 de noviembre, General de publicidad y su normativa de desarrollo.

- La Ley 3/1991, de 10 de enero, de Competencia Desleal.

- La ley 29/2009, de 30 de diciembre por la que se modifica el régimen legal de la competencia desleal y de la publicidad para la mejora de la protección de consumidores y usuarios.

Estas leyes deben entenderse por tanto como fuentes del derecho supletoria a la regulación específica existente en materia de juego, que vamos a ir desgajando.

Por su parte la Disposición Adicional Séptima introduce los acuerdos de corregulación. Se faculta para que la DGOJ pueda firmar acuerdos de corregulación que coadyuven al cumplimiento de las obligaciones establecidas en la Ley en lo relativo a la publicidad.

En el marco de los citados acuerdos de corregulación se pueden desarrollar códigos de conducta que contengan medidas de autocontrol previo de los contenidos publicitarios y que serían publicados, una vez firmados, en la web para darse a conocer.

Pues bien, el 17 de noviembre de 2011, La DGOJ y la Asociación para la Autorregulación de la Comunicación Comercial (Autocontrol) firman un acuerdo de corregulación en materia de publicidad, patrocinio y promoción de las actividades de juego. A través del mismo se fijan las líneas de colaboración entre ambas entidades a la hora de tratar la publicidad efectuada por un operador sobre las actividades de juego.

En el marco de este acuerdo de corregulación se aprobó el 7 de junio de 2012 un Código de Conducta sobre Comunicaciones Comerciales de las Actividades de Juego, suscrito por la DGOJ, Autocontrol y la Subdirección General de Contenidos de la Sociedad de la Información, y al que se someten 5 asociaciones y 2 federaciones del ámbito publicitario, la Asociación Española de Juego Digital, 22 prestadores de servicios de comunicación y 50 operadores de juego online. Entre las normas éticas de este código de conducta destacamos los siguientes principios que recaen sobre las comunicaciones comerciales de actividades de juego o de operadores de juego:

1. Principio de legalidad. Se ajustarán a la legislación vigente.

2. Principio de lealtad. Se ajustarán a las exigencias de la buena fe y los buenos usos mercantiles.

3. Principio de identificación: Serán fácilmente identificables y claramente reconocibles como comunicaciones comerciales.

4. Principio de veracidad. No deben ser susceptibles de inducir a error ni tampoco omitir o silenciar datos relevantes si dicha omisión puede inducir a error. Si la comunicación se hace por un anunciante distinto al operador, aquel debe informar sobre este extremo e identificar el operador de juego y su licencia.

Las comunicaciones comerciales y autopromocionales deben incluir todos los elementos esenciales de los términos y condiciones de los bonos o promociones, entendiendo por esenciales aquellos elementos que afecten a la vigencia de la oferta, la redención de dichos bonos y las eventuales ganancias, entre otros: plazos de redención si los tuvieran, importes relevantes (por ejemplo depósito mínimo requerido), cuota mínima, veces que ha de ponerse en juego la cantidad, límites al importe liberado (por ejemplo cantidad máxima, descuento del importe del bono, etc.).

La Comisión Mixta de seguimiento publicó el 20 de noviembre de 2013 su interpretación en relación con la publicidad de los bonos y promociones de bienvenida. En este sentido se incluyó como información esencial a mostrar en todos los canales de comunicación a excepción de los banners en los anuncios webs y las menciones radiofónicas:

- Cuantía del bono

- Cuantía mínima del depósito a realizar por el usuario para acceder al bono.

- Cantidad que debe jugarse o número de veces que es necesario apostar una determinada cantidad para liberar el bono.

- Plazo para liberar el bono.

En el caso de los banners y las menciones radiofónicas toda vez que por la limitación de espacio (o tiempo) es difícil cumplir con ellas se establecen una serie de directrices al respecto para poder instrumentalizarlas y dar por cumplido el principio de veracidad.

5. Principio de responsabilidad social. Se prohíben aquellas comunicaciones que:

- Inciten a comportamientos antisociales o violentos.

- Promocionen modalidades o tipos de juego no autorizados o induzcan a juegos desarrollados por entidades sin título habilitante.

- Induzcan a comportamientos de juego irresponsables o den lugar a daños económicos, sociales o emocionales.

- Desvaloricen el esfuerzo, trabajo o estudio, en comparación con el juego.

- Transmitan tolerancia respecto al juego en los ambientes de trabajo.

- Sugieran que el juego puede mejorar las habilidades personales o el reconocimiento social.

- Incluyan contenido sexual o vinculen el juego a la seducción, el éxito sexual o el incremento del atractivo.

- Presenten el juego como indispensable o prioritario en la vida.

- Sugieran la presión del grupo para jugar o menospreciar la abstinencia al juego.

- Presenten la familia o las relaciones sociales como secundarias respecto al juego.

- Denigren las personas que no juegan u otorguen una superioridad social a aquellos que juegan.

6. Principio de juego responsable. Este principio se traduce en la prohibición de:

- Incitar a la práctica adictiva o patológica del juego.

- Explotación del sufrimiento o de sugerir que el juego es una vía de escape de problemas personales, profesionales, educativos, financieros, de soledad o depresión.

- Dar a entender que las pérdidas excesivas del juego no tienen consecuencias.

- Presentar el juego como una forma de recuperar las pérdidas económicas del juego.

- Realizar ofertas de crédito a los participantes del juego.

- Inducir a error sobre la posibilidad de resultar premiado y de dar a entender que la repetición del juego aumenta la probabilidad de ganar.

- Sugerir que la habilidad o la experiencia del jugador eliminará el azar de que dependa la ganancia.

- Representar como gratificantes comportamientos compulsivos de juego.

- Asociar situaciones de juego repetitivas, incontroladas o compulsivas a emociones fuertes.

- Fomentar las apuestas o riesgos descontrolados.

Este principio se materializa también en la obligación de inclusión de mensaje de responsabilidad social o lucha contra la adicción (adaptada al medio comunicativo y al tipo de juego).

Las comunicaciones comerciales y autopromociones de las actividades de bingo, ruleta, punto y banca, black jack, póquer, apuestas de contrapartida deportivas o hípicas, máquinas de azar y apuestas cruzadas, limitarán los bonos de bienvenida a un máximo de 200 euros, y mostrarán el logo sobre juego responsable y prohibición de jugar a los menores de 19 años a través de la advertencia estandarizada a pantalla completa en el cierre de la comunicación con una duración de 2 segundos

que podrá ser sustituida por la siguiente banda en la parte inferior de la imagen durante todo el anuncio:

Por otro lado, en las comunicaciones comerciales sobre las modalidades indicadas no se podrá incluir la presencia de deportistas en activo realizando actividades de juego o prescribiendo las mismas.

A este respecto se aprobó en fecha 10 de septiembre de 2020 el criterio de Interpretación de esta norma (norma ética 6.14) por el cual este mandato sería exigible en todo caso en los servicios de comunicación audiovisual televisiva, servicios de intercambio de videos a través de plataforma y servicios de la sociedad de la información, pero en las páginas web o aplicaciones desde donde los operadores ofrecen actividades de juego, así como en las cuentas oficiales de las redes sociales de los operadores, estos mensajes podrán aparecer una sola vez sin necesidad de que acompañen a toda comunicación comercial emitida por los mismos. Por su parte las restantes formas de comunicación comercial que tengan naturaleza de publicidad visual como la emplazada en el equipamiento deportivo, photocalls, elementos móviles y medios de transporte, vallas, marquesinas, carteles o mobiliario urbano, únicamente incluirán los mensajes de "*juega responsabilidad*" y "*+18*", debiendo ser claramente visibles y legibles por los receptores de la publicidad.

Por último, durante las retransmisiones en directo de acontecimientos deportivos, hípicos o cualesquiera otros de naturaleza competitiva no podrán realizarse comunicaciones comerciales que difundan bonos o promociones de cualquier tipo dentro de la propia retransmisión.

7. Principio de protección de menores. No se permitirán comunicaciones que:

   a. Sugieran que los menores pueden jugar o realizar apuestas.

   b. Utilicen o incluyan menores ni estén protagonizados por menores de 25 años.

   c. Inciten directa o indirectamente a los menores a la práctica del juego, o exploten la especial relación de confianza que los menores depositan en sus padres, profesores u otras personas, incluyendo entre otros, a aquellas que sean reconocibles por su notoriedad pública y participen en espacios infantiles en medios de comunicación o cuya actividad se centre en menores de edad. Tampoco se emplearán elementos visuales, sonoros, verbales o escritos que sean especialmente dirigidos a menores, y contendrán en su caso, una advertencia sobre el uso de ficciones en los mensajes publicitarios.

d. Presenten la práctica del juego como una señal de madurez o de paso a la edad adulta.

e. Presenten el juego como un regalo que un niño puede dar o recibir.

f. Sean dirigidas a menores de 18 años.

Además de los anteriores principios se establecen otros tantos, sin perjuicio de los existentes en la normativa de aplicación, y que deben regir respecto a:

a. Servicios de la sociedad de la información. Se aplica el principio específico de que los elementos de publicidad emergentes puedan ser cerrados con facilidad y sin bloquear la navegación.

b. Servicios de comunicación audiovisual. De cara a la protección de los menores se prestará especial atención al horario de emisión de las comunicaciones comerciales y autopromocionales de la actividad de juego, y se tendrán en cuenta aquellos programas o bloques de programación destinados específica o primordialmente al público infantil junto a los que se emite o se inserte la misma.

Únicamente podrán emitirse entre las 22.00 y las 6.00 horas

a. Las actividades de juego de ruleta, punto y banca, black jack, póquer, máquinas de azar [15], y todas aquellas apuestas de contrapartida y cruzadas deportivas [16] o hípicas. No obstante, ello no es aplicable a las comunicaciones comerciales radiofónicas que solo han de respetar los horarios de protección reforzada.

b. Las comunicaciones de concursos incluidos en un programa cuya calificación por edades sea "no recomendado para menores de 18 años",

c. Aquellas comunicaciones cuyo contenido pudiera perjudicar el desarrollo físico, mental o moral de los menores;

Únicamente podrán emitirse entre las 1:00 y 5:00 horas las autopromociones de aquellos programas dedicados a juegos de azar y apuestas.

Las comunicaciones comerciales y autopromociones de bingo, las apuestas mutuas y otras apuestas deberán emitirse fuera de las franjas de protección reforzada y no serán emitidas dentro o junto a programas dirigidos a niños.

Las comunicaciones comerciales o autopromocionales de concursos incluidos en un programa cuya calificación por edades no sea *"no recomendado para menores de 18 años"*, de

---

[15] El 14 de mayo de 2015 la Comisión Mixta de Seguimiento publicó su interpretación en relación con el alcance de la norma Ética 8 del Código tras el otorgamiento de licencias singulares correspondientes a nuevos juegos (cómo era el caso de las máquinas de azar y de las apuestas cruzadas) para manifestar que se entendían incluidas en dicha norma ética.

[16] Ver nota anterior.

loterías con efecto diferido y loterías presorteadas o instantáneas[17], de juegos complementarios y de rifas no tendrán restricciones horarias siempre y cuando no sean emitidas junto a o insertadas en programas dirigidos específicamente o primordialmente al público infantil.

En los supuestos de apuestas deportivas o hípicas, mutuas, de contrapartida o cruzadas en directo, también se podrá emitir la comunicación comercial y autopromoción durante las retransmisión de los acontecimientos deportivos, desde su inicio hasta el final, incluidos los descansos, siempre que corresponda con la organización de las apuestas que se realicen, ya sea sobre el acontecimiento que se retransmita o sobre otros acontecimientos que se encuadren en la misma competición deportiva, aunque éstos no sean objeto de retransmisión en este momento.

Las entidades adheridas al código de conducta se obligan a acatar las resoluciones que el Jurado de la Publicidad emita para la resolución de las reclamaciones que sean presentadas en relación al Código de Conducta, bien cesando en la difusión de la comunicación comercial afectada, o procediendo a las modificaciones necesarias.

Por último en el marco del código de conducta se crea una Comisión Mixta de Seguimiento formada, entre otros por la DGOJ, y encargada entre otras cuestiones, de evaluar periódicamente la aplicación del

---

[17] El 21 de enero de 2016 se publicó la interpretación de la Comisión Mixta de Seguimiento en relación con la aplicabilidad del apartado 3 de la norma 8 del código también a las loterías presorteadas o instantáneas, y no solo a las de efecto diferido como reza en la literalidad del código.

Código de Conducta en relación con los objetivos planteados, realizar las propuestas de mejora y revisión del Código que considere oportunas así como conocer periódicamente los informes que le presente Autocontrol acerca del cumplimiento del Código, y como ya hemos visto las interpretaciones de cada norma ética del Código.

En base a la vulneración de los principios de dicho Código, y según Autocontrol, fue sancionado en 2019 un spot publicitario en el que Carlos Sobera promocionaba la actividad de juego de la casa de apuestas online 888, que presuntamente sugería *"una actitud compulsiva y de descontrol"* mediante la llamada a la acción que repetía *"entra, entra, entra, mira, mira, mira, piensa, piensa, piensa, apuesta, apuesta, apuesta, sube, sube, sube, grita, grita, grita"*.

Por su parte, las órdenes reguladoras que aprueban la reglamentación básica de los distintos tipos de juego contienen un artículo dedicado a la promoción o publicidad que haga el operador, y por la que se le insta a que la misma debe:

o Ser fácilmente identificable.

o Ser socialmente responsable, con especial protección a los menores y otros grupos particularmente vulnerables, evitando por tanto que la publicidad vaya dirigida a menores de edad.

o Evitar alterar la dinámica del juego e inducir al participante a confusión sobre la naturaleza del juego.

o Respetar especialmente:

- La normativa reguladora del juego y su desarrollo.

- La Ley 34/2002, de 11 de julio, de Servicios de la Sociedad de la Información y del Comercio Electrónico.

- Ley 7/2010, de 31 de marzo, General de la Comunicación Audiovisual y en particular, lo dispuesto en su artículo 7 referido a los derechos del menor, prestando especial atención al horario de emisión de la publicidad y la calificación por edades del programa junto al que se emite la publicidad.

Además, se establece que el operador debe publicar en su plataforma de juego las condiciones de aplicación, términos y períodos de vigencia de las promociones, y podrá ofrecer aplicaciones de juego gratuito, y que puede ser limitado el importe máximo de las iniciativas promocionales y bonificaciones a los participantes.

Pues bien, con esta regulación tan dispersa y escueta es dictado más recientemente el **Real Decreto 958/2020, de 3 de noviembre, de comunicaciones comerciales de las actividades de juego**, que va a entrar a regular pormenorizadamente esta temática, haciendo así un desarrollo de los artículos 7 (publicidad, patrocinio y promoción de las actividades de juego) y 8 (protección de los consumidores y políticas de juego responsable) de la LRJ, y poniendo en práctica a nivel interno la Recomendación de la Comisión Europea, de 14 de julio de 2014, relativa a principios para la protección de los consumidores y los usuarios de servicios de juego en línea y a la prevención del juego en línea entre menores, antes descritas. También se tiene en cuenta el Código de Conducta de 2012, actualizándolo y superando su contenido a nivel normativo en determinados aspectos, y sustituyendo obligaciones y principios genéricos por obligaciones concretas. De hecho, la disposición transitoria primera prescribe la obligación de adaptar el Código de Conducta al contenido del Real Decreto por lo que no lo deroga formalmente, pero va a suponer una duplicación de contenido.

Este real decreto es de aplicación tanto a los operadores como a las personas o entidades que (y copiamos la literalidad de la norma):

a. *Difundan comunicaciones comerciales de las actividades de juego o de sus operadores a través de cualquier medio o soporte, como prestadores de servicios de comunicación audiovisual o electrónica, prestadores de servicios de la sociedad de la información, incluidos afiliados, páginas webs y redes sociales, y cualquier otro medio de comunicación.*

b. *Participen en fases intermedias de la elaboración, transmisión o difusión de comunicaciones comerciales, como redes publicitarias, agencias de publicidad o prestadores de servicios de intermediación.*

## Sujeción a autorización previa

Como ya se contenía en el artículo 7.3 la Ley, se exige para la realización de actividades comerciales dirigidas a residentes españoles que el operador realice de manera efectiva actividades de juego en España, y por tanto que cuente con el correspondiente título habilitante, y que en el mismo conste la autorización para la realización de la publicidad del juego. A este respecto, la DGOJ mantendrá actualizada en su web la relación de títulos habilitantes de los distintos operadores, y en su caso, las distintas marcas, denominaciones comerciales, páginas web y aplicaciones móviles a través de las cuales comercializan sus juegos.

Los principios (normas éticas) que ya fueran recogidos en el Código de Conducta de 2012 vuelven a ser plasmados con mayor lujo de detalle:

## Principio de legalidad.

Es plasmado de forma indirecta en el artículo 5 referido al "régimen jurídico de las comunicaciones comerciales" cuando se declara que éstas se regirán por lo dispuesto en la Ley 13/2011, el propio Real Decreto de las comunicaciones comerciales y en la normativa de desarrollo, aludiendo también a la normativa vigente en materia de publicidad, defensa de los consumidores y usuarios y de prácticas comerciales desleales, la normativa sectorial aplicable según el medio o soporte de difusión empleado, y en particular la que regula los servicios de comunicación audiovisual y los servicios de la sociedad de la información y de comercio electrónico, sin olvidar la normativa de protección de datos de carácter personal.

## Principio de identificación de las comunicaciones comerciales y del anunciante

Las comunicaciones comerciales deben ser claramente identificables y reconocibles como tales. Sin perjuicio de la utilización de distintas fórmulas para tal fin, ello se entenderá cumplido en todo caso cuando figure de forma clara y apreciable la palabra *publicidad* o *publi* o similar, o cuando la comunicación se inserte en bloques o espacios publicitarios claramente identificables como tales por el receptor.

Además, debe identificarse con claridad la denominación social o el nombre o imagen comercial del operador de juego cuyas actividades sean objeto de promoción, sin que se pueda inducir a error al respecto. No podrán utilizarse marcas o nombres comerciales que no sean de la propiedad del operador o de su grupo.

Podrán realizarse actos de comparación[18] pero no se podrán insertar referencias a juegos o sorteos relacionados con los resultados de los juegos o sorteos de otro operador sin la previa autorización de este.

## Principio de veracidad

Las comunicaciones comerciales no podrán incluir información falsa o que siendo cierta pueda inducir a error o confusión al destinatario. Tampoco omitir datos relevantes si dicha omisión puede inducir a error.

## Principio de responsabilidad social

Las comunicaciones comerciales se harán con sentido de la responsabilidad social, sin menoscabar ni banalizar la complejidad de la actividad de juego ni sus potenciales efectos perjudiciales sobre las personas, debiendo respetar la dignidad humana y los derechos y libertades constitucionalmente reconocidos.

---

[18] a los que se refiere el artículo 10 de la Ley 3/1991, de 10 de enero, de Competencia Desleal.

Quedan prohibidas las comunicaciones comerciales que:

- Inciten a actitudes o comportamientos antisociales o violentos, discriminatorios por razones de nacimiento, origen racial o étnico, sexo, religión, opinión o convicción, edad, discapacidad, orientación sexual, identidad de género, enfermedad, o cualquier otra condición o circunstancia personal o social.

- Inciten a actitudes o comportamientos humillantes, denigratorios o vejatorios.

- Asocien, vinculen, representen o relacionen de forma positiva o atractiva las actividades de juego con actividades o conductas ilícitas o perjudiciales para la salud pública, así como aquellas que den lugar a daños económicos, sociales o emocionales.

- Desacrediten a las personas que no juegan u otorguen una superioridad social a aquellas que juegan.

- Incluyan mensajes que desvaloricen el esfuerzo en comparación con el juego.

- Realicen apelaciones expresas a que el receptor de la comunicación comercial comparta con otras personas el mensaje previsto en la comunicación comercial.

- Transmitan tolerancia respecto al juego en entornos educativos o de trabajo.

- Sugieran que el juego puede mejorar las habilidades personales o el reconocimiento social.

- Incluyan contenido sexual en las comunicaciones comerciales, vinculen el juego a la seducción, el éxito sexual o el incremento del atractivo.

- Presenten el juego como indispensable, prioritario o importante en la vida.

- Presenten la familia o las relaciones sociales como secundarias respecto del juego.

- Utilicen representaciones gráficas del dinero o de productos de lujo.

## Principio de juego seguro

El diseño y difusión de las comunicaciones comerciales de los operadores de juego perseguirá el equilibrio entre la promoción de la actividad de juego y la protección de los consumidores frente a los riesgos de dicha actividad.

Se prohíben las comunicaciones comerciales que:

- Inciten a la práctica irreflexiva o compulsiva del juego, o bien presenten los anteriores patrones de juego como prácticas estimulantes o atractivas.

- Presenten ofertas de préstamos a las personas participantes en el juego o cualquier otra modalidad de crédito o bien, deriven a enlaces u otros sitios en los que se ofrezcan préstamos o créditos de forma rápida e instantánea.

- Sugieran que el juego puede ser una solución o una alternativa a problemas personales, educativos, profesionales o financieros.

- Asocien, vinculen o relacionen las actividades de juego con ideas o comportamientos que expresen éxito personal, familiar, social, deportivo o profesional.

- Induzcan a error sobre la posibilidad de resultar premiado o sugieran que la repetición del juego aumenta la probabilidad de ganar.

- Sugieran que la habilidad o la experiencia de la persona participante en el juego eliminará el azar de que depende la ganancia, o apelen a los conocimientos, perseverancia, competitividad o instinto de aquella, o a su dominio de la plataforma de apuestas del operador, como elementos determinantes del éxito de la actividad de juego.

- Se dirijan específicamente a personas autoprohibidas o autoexcluidas.

- Presenten o asimilen la actividad de juego como una actividad económica o de inversión financiera, o una alternativa al empleo, o una forma de recuperar las pérdidas económicas de cualquier tipo.

Las comunicaciones comerciales deberán incluir un mensaje relativo a jugar con responsabilidad, como por ejemplo "*si juegas, juega con responsabilidad*", "*jugar sin control puede tener consecuencias perjudiciales a nivel psicosocial*" o similar. Dicho mensaje deberá mostrarse de la siguiente forma según el tipo de comunicación:

- Si se trata de una comunicación gráfica, el mensaje será visible de forma clara durante toda la comunicación comercial, o en su defecto ocupar toda la imagen al menos durante 2 segundos al término de la comunicación comercial.

- Si se trata de una comunicación oral, este mensaje deberá aparecer al menos durante 2 segundos al término de la comunicación comercial.

- Si su difusión se realiza a través de los servicios de comunicación audiovisual radiofónica, la mención aparecerá en una de cada dos comunicaciones comerciales sucesivas.

Lo anterior no es de aplicación a las comunicaciones comerciales de concursos difundidas a través de servicios de comunicación audiovisual radiofónica.

Se habilita a que la DGOJ pueda obligar a incluir una mención relativa a los efectos dañinos derivados de la ludopatía o de un comportamiento de riesgo de la persona usuaria, de forma alternativa o acumulativa a la mención antes referida, y también a establecer las especificaciones relativas a la forma, tamaño, disposición, contraste y contenido de los mensajes de juego seguro.

## Principio de protección de menores de edad

Las comunicaciones comerciales no podrán ir dirigidas directa o indirectamente a las personas menores de edad ni podrán ser destinadas a la persuasión o incitación al juego de este colectivo.

Se prohíben las comunicaciones comerciales que:

- Inciten directa o indirectamente a menores de edad a la práctica del juego, por sí mismos o mediante terceras personas.

- Resulten, por su contenido o diseño, racional y objetivamente aptas para atraer la atención o el interés particular de las personas menores de edad, incluyendo las mascotas de marca o sintonías destinadas específica o principalmente a menores de edad.

- Exploten la especial relación de confianza que las personas menores de edad depositan en sus padres, profesores u otras personas.

- Utilicen la imagen, voz u otras características inherentes a las personas menores de edad o a personas caracterizadas para parecer menores de edad.

- Presenten la práctica del juego como una señal de madurez o indicativa del paso a la edad adulta.

- Se difundan o emplacen en medios, programas o soportes destinados específica o principalmente a menores de edad.

- Se inserten en aplicaciones, páginas web, o contenidos digitales dirigidos especifica o principalmente a menores de edad, o bien junto a vínculos de páginas web destinadas a ese mismo público.

- Se difundan o emplacen en el interior o exterior de salas u otros espacios destinados al público, cuando en los mismos se desarrollen proyecciones de obras cinematográficas o representaciones teatrales o musicales a los que puedan acceder menores de edad.

- Se difundan o emplacen en el interior o exterior de estadios, salas o recintos deportivos, cuando en los mismos se celebren acontecimientos o competiciones cuya participación esté restringida en exclusiva a menores de edad.

- Se refieran a apuestas sobre eventos cuya participación esté restringida en exclusiva a menores de edad.

Las comunicaciones deberán incluir la advertencia de que los menores de edad no podrán participar mediante menciones como "*menores no*", "*+18*" o similar. Dicho mensaje deberá mostrarse de la siguiente forma según el tipo de comunicación:

- Si se trata de una comunicación gráfica, el mensaje será visible de forma clara durante toda la comunicación comercial, o en su defecto ocupar toda la imagen al menos durante 2 segundos al término de la comunicación comercial.

- Si se trata de una comunicación oral, este mensaje deberá aparecer al menos durante 2 segundos al término de la comunicación comercial.

- Si su difusión se realiza a través de los servicios de comunicación audiovisual radiofónica, la mención aparecerá en una de cada dos comunicaciones comerciales sucesivas.

La DGOJ podrá establecer las especificaciones relativas a la forma, tamaño, disposición, contraste y contenido de los mensajes de prohibición a menores.

## Reglas específicas aplicables a actividades de patrocinio

Se establecen las siguientes prohibiciones:

- No se utilizará la imagen de marca, nombre comercial, denominación social, material o mensajes promocionales del patrocinador en eventos, bienes o servicios diseñados para personas menores de edad o destinadas principalmente a ellas.
- No se patrocinarán actividades, acontecimientos o retransmisiones deportivas dirigidas específicamente o cuya participación esté restringida en exclusiva a menores de edad.
- No podrán realizarse patrocinios que consistan en el uso del nombre, marca o denominación comercial de un operador para identificar a una instalación deportiva o a cualquier centro de entretenimiento, o para sustituir o añadir al nombre un equipo, una competición deportiva o de cualquier otra entidad ajena al sector de los juegos de azar y apuestas el nombre o denominación comercial de un operador.
- No será admisible el patrocinio en camisetas o equiparaciones deportivas[19].

La emisión, emplazamiento o difusión del patrocinio mediante comunicaciones comerciales a través de medios presenciales en estadios, instalaciones o recintos deportivos de cualquier tipo deberá ajustarse a las limitaciones horarias y a los requisitos establecidos para las modalidades de servicios de comunicación audiovisual.

---

[19] A este respecto la disposición transitoria segunda permite continuar con los contratos de patrocinio que estuvieran en vigor a la entrada del Real Decreto hasta el 31 de agosto de 2021.

# Reglas específicas aplicables a actividades de promoción

Quedan prohibidas las promociones de captación de clientes nuevos cualesquiera que fueran las condiciones de la promoción, quedando las promociones limitadas a clientes existentes que tengan una cuenta de juego abierta durante al menos 30 días y que hayan sido previamente verificados documentalmente.

No obstante, no podrá dirigirse ninguna actividad promocional a personas autoprohibidas, autoexcluidas o que hayan sido catalogadas como jugadores con comportamiento de riesgo.

Las comunicaciones comerciales si podrán no obstante aparecer en una sección independiente de la página web o aplicación desde la que el operador ofrece actividades de juego o difundirse en los establecimientos accesibles al público de los operadores designados para la comercialización de juegos de loterías.

Se imponen las siguientes limitaciones a las comunicaciones comerciales promocionales:

- No podrán trasladar la percepción falsa o equívoca de gratuidad o de falta de onerosidad de la promoción, ni inducir a confusión respecto a la naturaleza del juego.

- No incluirán testimonios de personas beneficiarias previas, reales o figurados, de la promoción.

- No podrán basarse en la habilidad del jugador.

- Deberán incluir, cuando el tamaño o capacidad de los espacios publicitarios lo permita, información clara y transparente de:

- La cuantía mínima del depósito a realizar para acceder a la promoción.

- La cantidad que debe jugarse y, en su caso, el número de veces que es necesario apostar una determinada cantidad para que la persona jugadora pueda acceder sin restricciones, a través de su cuenta de juego, a la cuantía de la promoción y a las posibles ganancias derivadas de su utilización.

- El plazo máximo para liberar la ventaja económica de la promoción.

- Naturaleza de la promoción, identificando si se trata de dinero retirable o dinero en apuestas.

En caso en que el tamaño o capacidad de los espacios publicitarios no lo permita deberá indicarse de forma clara y adecuada al medio de difusión, que la promoción está sujeta a condiciones disponibles en la página web del operador, y mostrarse un vínculo o enlace directo e inmediatamente accesible, de manera clara y diferenciada al resto de la información relativa a la promoción.

La información del resto de condiciones, además de las mencionadas, debe estar disponible en la página web o en la aplicación del operador, de manera clara, accesible y diferenciada, previamente a la contratación de la promoción y durante todo el disfrute de la misma. En particular deben constar, en el supuesto de resultar aplicables:

- Los importes máximos de la apuesta permitidos.

- El orden de uso previo, simultáneo o sucesivo de la promoción, en relación con los depósitos o participaciones provenientes de la cuenta de juego vinculados a la misma.

- La operativa para la cancelación anticipada de la promoción y su correspondiente impacto sobre la cuenta de juego.

- El momento en el que se puede disponer sin restricciones de las ganancias derivadas del uso de la promoción.

- Las limitaciones de dichas ganancias a una cantidad límite.

- Cuota mínima, en su caso, a la que deben realizarse apuestas.

- Cualesquiera otras reglas a que se sujete el consumo o la contabilización del bono.

- Medios de pago aceptados para suscribirse a la promoción.

Las promociones de fidelización tendrán el siguiente funcionamiento:

- No puede alterar el retorno en premios de los juegos a los que se aplica.

- No se puede suponer la imposibilidad de retirar el saldo de la cuenta de juego cuyo origen provenga de los depósitos hechos con dinero real. En caso de que se decida retirar ese saldo, el operador podrá dar por perdido tanto la promoción como el saldo positivo resultante de las operaciones vinculadas a la misma.

- Las cuentas de juego deberán presentar las cuantías, saldos y premios claramente separados de las operaciones con dinero real.

- Las condiciones para poder disfrutar de los premios otorgados por una promoción no pueden afectar a las cantidades económicas vinculadas a los depósitos o a las participaciones con dinero real de la persona usuaria.

- Los dos últimos puntos no son de aplicación obligatoria a las promociones de partidas gratuitas siempre que las posibles ganancias derivadas de las mismas no estén sujetas a restricción de cara a su plena disposición por la persona usuaria.

Las personas a las que se haya concedido un aumento del límite de los importes de depósito en su cuenta de juego no podrán recibir ningún tipo de promoción personalizada en los 30 días siguientes a aquel en el que los nuevos límites económicos entren en vigor. Durante ese periodo, los jugadores podrán seguir utilizando aquellos bonos o promociones que hubieran sido concedidos con anterioridad a la entrada en vigor de esos nuevos límites.

Las personas que hayan solicitado realizar una retirada de su cuenta de juego no podrán recibir ningún tipo de promoción personalizada mientras puedan cancelar dicha retirada.

El cumplimiento de las condiciones descritas no obsta para la calificación de las condiciones contractuales del operador como abusivas o inequitativas.

Por último, se habilita a la DGOJ para poder desarrollar las condiciones y límites de la actividad promocional.

## Reglas específicas aplicables a aplicaciones de juego gratuito

Los operadores pueden ofrecerlas siempre que estén únicamente disponibles en la plataforma del operador una vez que la persona se haya registrado y que no generen una expectativa falsa sobre los juegos comercializados por el operador en que se utilice dinero u otros bienes evaluables económicamente, bien mediante la utilización de reglas de juego diferentes, bien mediante el uso de un generador de números aleatorios u otro sistema con un software o una programación distintas al empleado en el juego real, o bien por medio de cualquier otra variación sustancial respecto a las condiciones que se desarrolla el juego efectivamente comercializado.

En todo caso se respetarán las condiciones aplicables a las actividades promocionales ya descritas.

## Reglas específicas aplicables a comunicaciones comerciales a través de medios presenciales

La realización de comunicaciones comerciales a través de medios presenciales deberá ajustarse, además de a lo dispuesto por la normativa estatal, lo dispuesto en la normativa autonómica, con la salvedad de:

- Los operadores que cuentan con la reserva legal de actividad, que se ajustarán exclusivamente a la normativa estatal.

- Las comunicaciones comerciales presenciales que se realicen en aplicación de un determinado patrocinio deportivo dentro de instalaciones deportivas o las que se difundan en revistas, diarios o soportes similares de ámbito estatal.

Están prohibidas las comunicaciones comerciales remitidas a través de correo postal.

## Reglas específicas aplicables a comunicaciones comerciales en servicios de comunicación audiovisual

Las comunicaciones en servicios de comunicación audiovisual únicamente podrán emitirse entre las 1:00 y las 5:00 horas, sin perjuicio de las especialidades que se refieren más adelante. Lo mismo aplica a las comunicaciones comerciales realizadas durante las retransmisiones en directo de acontecimientos deportivos, hípicos u otros de naturaleza competitiva en servicios de comunicación audiovisual (Ello incluye a las comunicaciones comerciales de cualquier tipo que sean difundidas o emplazadas físicamente, que resulten capturadas por la retransmisión audiovisual).

- Especialidad aplicable a apuestas mutuas, de loterías instantáneas o presorteadas y de bingo en servicios de comunicación audiovisual

Dichas difusiones no podrán emitirse dentro de las franjas horarias de protección reforzada[20] ni tampoco en los bloques publicitarios inmediatamente anteriores o posteriores a programas dirigidos específica o principalmente al público infantil. Estas franjas horarias únicamente serán aplicables cuando el operador no ostente licencias singulares asociadas a las modalidades de juego a las que es de aplicación la regla general[21].

o <u>Especialidad aplicable a concursos en servicios de comunicación audiovisual.</u>

Dichas difusiones no podrán emitirse en los bloques publicitarios inmediatamente anteriores o posteriores a programas dirigidos específica o principalmente al público infantil. Podrán emitirse en cualquier franja horaria salvo que sean incluidos en un programa cuya calificación por edades sea "no recomendado para menores de dieciocho años", en cuyo caso únicamente podrán emitirse entre las 22:00 horas y 6:00 horas.

La información sobre el precio de la participación deberá ofrecerse en la invitación a participar y, si el medio lo permite, durante todo el tiempo en que se realice la

---

[20] Entre las 8 y las 9 horas y entre las 17 y las 20 horas, en el caso de días laborables, y entre las 9 y las 12 horas sábados, domingos y fiestas de ámbito estatal (1 y 6 de enero, Viernes Santo, 1 de mayo, 12 de octubre, 1 de noviembre y 6, 8 y 25 de diciembre).

[21] Las comunicaciones en servicios de comunicación audiovisual únicamente podrán emitirse entre las 1:00 y las 5:00 horas, salvo cuando estas comunicaciones sean distinguibles y separables de la programación que se realiza en esos servicios.

promoción o publicidad del concurso, permaneciendo de forma estática y con un tipo de letra, disposición y contraste que permita su perfecta visualización. Además, el tamaño de los caracteres no será menor que el empleado para informar del medio de participación o, en su caso, el pago de la misma.

- ○ <u>Especialidad aplicable a loterías de efecto diferido y rifas en servicios de comunicación audiovisual</u>

   Dichas difusiones no podrán emitirse en los bloques publicitarios inmediatamente anteriores o posteriores a programas dirigidos específica o principalmente al público infantil.

Todas las anteriores restricciones horarias sólo serán aplicables a las comunicaciones comerciales de los operadores de juego en servicios de comunicación audiovisual a petición (también conocidos como bajo demanda), cuando estas comunicaciones sean distinguibles y separables de la programación que se realiza en esos servicios.

## <u>Reglas específicas aplicables a comunicaciones comerciales en servicios de la sociedad de la información</u>

Queda prohibida la difusión en servicios de la sociedad de la información salvo los siguientes supuestos:

- Cuando se emplacen en las páginas web o las aplicaciones de los operadores, o para el caso exclusivo de los concursos, en los medios de comunicación que les sirvan de soporte.

- Cuando se emplacen en las páginas web o aplicaciones cuya actividad principal sea la oferta de productos o información sobre las actividades de juego y cuenten con mecanismos para evitar el acceso de menores de edad y difundan de manera periódica mensajes sobre el juego seguro.

- Cuando se emplacen en las páginas web o aplicaciones cuya actividad principal sea ofrecer información sobre eventos deportivos o hípicos y cuenten con mecanismos para evitar el acceso de menores de edad y difundan de manera periódica mensajes sobre el juego seguro. A estos efectos no se considerarán páginas web o aplicaciones las plataformas de intercambio de videos y las redes sociales. Para ello se requiere que cuente con una sección específica y diferenciada dedicada a la oferta de información sobre apuestas accesible desde la página de inicio a través de un único enlace de carácter informativo de dimensiones reducidas.

- Cuando sean el resultado ofrecido por motores de búsqueda. En aquellos casos en que el resultado ofrecido sea fruto de un acuerdo comercial entre el anunciante y el titular del motor de búsqueda, solo cuando esa búsqueda utilice palabras o frases conectadas de manera directa con las actividades de juego.

- Cuando se envíen a través de correo electrónico u otros medios equivalentes.

- Cuando se difundan como comunicaciones comerciales audiovisuales en plataformas de intercambio de videos.

- Cuando se difundan en redes sociales.

A efectos de facilitar los mecanismos de control parental, las comunicaciones comerciales de los operadores de juego en servicios de la sociedad de la información incorporarán un identificado que los categoricen como juegos de azar.

Las comunicaciones comerciales de los operadores de juego en servicios de la sociedad de la información no se superpondrán al contenido principal de la página o aplicación, bloqueando la mayor parte de dicho contenido, sin que exista una acción previa de la persona, con excepción de aquellas que se desarrollen exclusivamente en el propio portal del operador. En todo caso las comunicaciones comerciales nunca bloquearán la navegación y deberán poder ser cerradas o detener su ejecución con facilidad.

Estas comunicaciones no podrán emplazarse en páginas web o aplicaciones que promocionen actividades de juego de entidades sin título habilitante en España presentándolas como orientadas a residentes en España.

## Reglas específicas aplicables a comunicaciones comerciales a través de correo electrónico o similares

La difusión de comunicaciones comerciales a través de dicho medio solo podrá realizarse con el consentimiento de la persona interesada.

Los operadores de juego que comercialicen juegos cuya participación requiera de registro de usuario no podrán remitir ningún tipo de comunicación por correo electrónico a las personas inscritas en el Registro General de Interdicciones de Acceso al Juego, las personas autoexcluidas y las personas que hayan desarrollado un comportamiento de riesgo.

## Reglas específicas aplicables a comunicaciones comerciales a través plataformas de intercambio de videos

Para su difusión se requiere que las plataformas de intercambio de videos tengan:

- Instrumentos para evitar que las comunicaciones se dirijan a menores de edad.

- Mecanismos de bloqueo u ocultación de anuncios emergentes por parte de sus usuarios.

- Herramientas que permitan establecer modelos de control de franjas horarias para ajustarse a las franjas horarias previstas en las regla general y reglas especiales de los medios audiovisuales descritas anteriormente.

Las cuentas o canales desde los que se ofrezcan programas o videos disponibles a través de una plataforma de intercambio de vídeos solo podrán realizar comunicaciones comerciales audiovisuales de operadores de juego cuando su actividad principal consista en ofrecer información o contenidos sobre las actividades de juego, y además utilicen todos los mecanismos disponibles en la plataforma para evitar el acceso a menores de edad a su cuenta o canal, y difundan en dicha cuenta o canal de forma periódica mensajes sobre juego seguro.

## Reglas específicas aplicables a comunicaciones comerciales a través de redes sociales

Para su difusión se requiere que las redes sociales tengan:

- Instrumentos para evitar que las comunicaciones se dirijan a menores de edad.

- Mecanismos de bloqueo u ocultación de anuncios emergentes por parte de sus usuarios.

- Herramientas que permitan segmentar el público para poder dirigir las comunicaciones a:

    o Personas que sigan, en dichas redes, las cuentas o canales oficiales de un operador o de un prestador de servicios cuya actividad principal sea la oferta de productos o información sobre las actividades de juego.

    o Personas que hayan manifestado interés activo en las actividades de juego siempre y cuando esas personas puedan eliminar, en cualquier momento, la preferencia por ese interés a través de los mecanismos habilitados para ello por la red social.

    o Personas que se hayan registrado con un operador y formen parte de su cartera de clientes existentes o con un prestador de servicios cuya actividad principal sea la oferta de productos o información sobre las actividades de juego.

No se aplicarán estas reglas de segmentación cuando la red social sea también una plataforma de intercambio de videos, en cuyo caso se aplicarán los modelos de control de franjas horarias.

No se aplicarán estas reglas de segmentación cuando la red social incorpore un motor de búsqueda entre sus aplicaciones, en cuyo caso los resultados ofrecidos frutos de un acuerdo comercial solo se mostrarán cuando la búsqueda utilice palabras o frases conectadas de manera directa con las actividades de juego.

Las cuentas o canales en redes sociales solo podrán realizar comunicaciones comerciales audiovisuales de operadores de juego cuando su actividad principal consista en ofrecer información o contenidos sobre las actividades de juego, y además utilicen todos los mecanismos disponibles en la red social para evitar el acceso a menores de edad a su cuenta o canal, y difundan en dicha cuenta o canal de forma periódica mensajes sobre juego seguro.

## Reglas específicas aplicables a comunicaciones comerciales emitidas por personas pronosticadoras de apuestas

Los operadores de juego solo podrán suscribir acuerdos publicitarios con aquellos pronosticadores de apuestas que se comprometan a publicar de forma íntegra, en los canales o cuentas de las redes sociales o en las páginas web o aplicaciones desde donde realizan sus pronósticos, todos los resultados en cualquier modalidad de apuestas que hayan obtenido en la plataforma del operador con el que han formalizado su relación contractual publicitaria y que haya recaído sobre eventos objeto de pronóstico. El incumplimiento de este mandato supondrá la resolución del contrato y la imposibilidad de suscribir uno nuevo por un período de 3 años.

Estos acuerdos no podrán suscribirse con personas que hubieran adquirido relevancia o notoriedad pública como consecuencia de actividades distintas de la pronosticación de apuestas.

# El Régimen Sancionador de la LRJ

Lo primero que llama la atención es que los sujetos infractores no solo son las personas físicas o jurídicas que realicen las acciones u omisiones tipificadas como infracciones, sino también aquellos sujetos que les den soporte, publiciten promocionen u obtengan beneficios de las mismas, no solo económico sino también vinculado directamente al desarrollo de las actividades de juego como consecuencia de las infracciones.

De lo anterior me ha parecido interesante traer dos casos reales cuyo procedimiento administrativo sancionador acabó siendo recurrido ante los Tribunales de Justicia, y curiosamente en casos idénticos con resultado opuesto:

El Club de Futbol Real Betis Balompié S.A.D. resulta sancionado (en calidad de responsable indirecto) por la DGOJ con multa de 247.000 euros por la infracción del artículo 40.D de la LRJ, consistente en efectuar la promoción, patrocinio y publicidad de los juegos cuando quienes los realicen carezcan de título habilitante, al realizar dicho patrocinio durante algo más de tres meses en relación con un operador de juegos chino (UED Sport) que carecía de título habilitante en España. El Club niega este patrocinio en base a que el operador de juego no es accesible para residentes españoles. Dicha sanción fue confirmada en recurso de alzada administrativo por Resolución del Secretario de Estado de Hacienda y en instancia judicial por el Tribunal Superior de Justicia de Madrid, que en sentencia de fecha 24 de febrero de 2020 confirma la sanción al Club.

No obstante, el pronunciamiento anterior es contrario al pronunciamiento de la Sentencia de Audiencia Nacional de 19 de diciembre de 2019, que en idénticas circunstancias (incluso en lo que se refiere a la entidad patrocinada), el órgano judicial dejó sin efecto la sanción de 350.000 euros de la DGOJ que se impone al Getafe Club de Fútbol, por entender que no se dirigía el patrocinio al público español por no carecer la entidad UED Sport de sitio web en España.

La ley clasifica tres tipos de infracciones que llevan aparejada según su gravedad sanciones nada desdeñables.

## Infracciones muy graves

- La organización, celebración o explotación de las actividades de juego careciendo del título habilitante correspondiente.
- Realizar, promocionar, permitir o consentir, la organización, celebración o explotación de actividades de juego en medios o soportes o por canales de distribución no autorizados, y en particular, mediante el empleado de software, sistemas de comunicación, materiales o equipos no autorizados o no homologados.
- La cesión del título habilitante y su transmisión en los supuestos permitidos sin contar con la previa autorización de la DGOJ.
- La obtención de los correspondientes títulos habilitantes mediante aportación de documentos o datos falsos o inciertos.
- El impago injustificado y reiterado de los premios que correspondieren a los participantes de los juegos.
- La alteración o manipulación de los sistemas técnicos previamente homologados o de cualquier otro elemento relativo a la obtención de premios en perjuicio de los participantes.

- La realización de actividades de juego infringiendo la reserva de ley.
- La comisión de dos infracciones graves en el plazo de dos años.
- El desarrollo y comercialización en el ámbito español a través de internet de actividades en un sitio web que no sea ".es".
- El incumplimiento de la obligación de redireccionamiento web a el dominio ".es" de las conexiones realizadas desde territorio español o desde cuentas de usuario españolas a otros sitios web distintos al ".es" pertenecientes al operador de juego.

La sanción para las infracciones muy graves es de multa de 1.000.000 a 50.000.000 euros y adicionalmente podrá acordarse: (i) la pérdida del título habilitante, (ii) la inhabilitación para desarrollar actividades de juego por un periodo de 4 años y (iii) la clausura de los medios por los que se presten servicios de la sociedad de la información que soporten las actividades de juego. Para los casos en los que el título habilitante hubiera sido revocado se podrá acordar adicionalmente el comiso y destrucción de cualquier elemento relativo a la actividad de juego.

Las infracciones muy graves prescribirán a los cuatro años.

En 2019 se han impuesto 22 sanciones muy graves, todas ellas referidas a la organización, celebración o explotación de las actividades de la LRJ careciendo del título habilitante correspondiente.

## Infracciones graves

- El incumplimiento de los requisitos y condiciones fijados en el título habilitante y en particular, de los deberes de control para garantizar la seguridad de los juegos.

- Permitir el acceso a la actividad de juego a los menores de edad, incapacitados legalmente o por resolución judicial y las personas inscritas en el Registro General de Interdicciones de Acceso al Juego.

- La concesión de préstamos o cualquier otra modalidad de crédito a los participantes por parte de los operadores.

- Efectuar la promoción, patrocinio y publicidad de los juegos, o actuaciones de intermediación, cuando quienes lo realicen carezcan de título habilitante o se difundan infringiendo las condiciones y límites del título habilitante o de la normativa aplicable.

- El incumplimiento de los requerimientos de información o de cese de prestación de servicios que se dirijan a los proveedores de servicios de pago, prestadores de servicios de comunicación audiovisual, prestadores de servicios de la sociedad de la información o de comunicaciones electrónicas, medios de comunicación social, agencias de publicidad y redes publicitarias.

- La obstrucción, resistencia o excusa a la función de inspección y control, así como la ocultación o destrucción de la información, documentos o soportes de la misma.

- La negativa reiterada de los operadores u organizadores a facilitar la información que le sea requerida por la DGOJ.

- La negativa reiterada a atender las reclamaciones o quejas formuladas por los

- participantes o la DGOJ.

- El incumplimiento de las obligaciones de comunicación de aquellas modificaciones efectuadas en la composición, sede, capital y titularidad de las acciones o participaciones de las personas jurídicas habilitadas, en el plazo de tres meses desde que se hubieran realizado.

- El incumplimiento de los requisitos técnicos de los reglamentos o del pliego de bases relativos al software y a los sistemas de comunicación.

- La utilización de sistemas técnicos no homologados o no autorizados.

- La fabricación, comercialización, mantenimiento o distribución de material de juego propiedad de los operadores que desarrollen actividades de juego objeto de reserva sin la debida autorización.

- El impago de los premios que correspondieren a los participantes en los juegos.

- La comisión de dos infracciones leves en el plazo de dos años.

La sanción para las infracciones muy graves es de multa de 100.000 a 1.000.000 de euros y la suspensión de la actividad en España por un plazo máximo de 6 meses.

Las infracciones graves prescribirán a los dos años.

En 2019 se han impuesto 35 sanciones graves, de las cuales 9 de ellas correspondieron a la conducta consistente en permitir acceso a la actividad de juego a personas que lo tienen prohibido cuando el operador conocía o debiera conocer la concurrencia de dichas prohibiciones (es decir, menores, incapacitados legal o judicialmente o personas inscritas en el Registro General de Interdicciones de Acceso al Juego), y 22 de ellas correspondieron a la utilización de sistemas técnicos no homologados o autorizados.

# Infracciones leves

- Permitir el acceso a la actividad de juego contraviniendo las prohibiciones para los demás casos que no constituyen infracción grave.

- Los incumplimientos de la LRJ cuando las conductas no estén tipificadas como infracciones graves o muy graves.

- No colaborar con los inspectores o agentes de la autoridad en relación con el desarrollo de las actividades de juego o lo relacionado con la comprobación del sorteo o evento en cuya virtud se obtengan los premios.

- No informar debidamente al público de la prohibición de participar a los menores de edad y a las personas incluidas en el Registro General de Interdicciones de Acceso al Juego.

- No informar al público sobre el contenido del título habilitante del operador de juego.

La sanción para las infracciones leves es de multa de hasta 100.000 euros y el apercibimiento por escrito.

Las infracciones leves prescribirán al año.

En 2019 se han impuesto 177 sanciones leves, de las cuales 175 se corresponden a la conducta consistente en permitir acceso a la actividad de juego a personas que lo tienen prohibido cuando el operador no lo conocía o debiera conocer la concurrencia de dichas prohibiciones (es decir, las letras "c", "d", "e", "f" y "g" del artículo 6 de la LRJ).

# Modulación de las sanciones

La cuantía de las sanciones se graduará atendiendo a la naturaleza de los derechos personales afectados, al volumen de las transacciones efectuadas, a los beneficios obtenidos, al grado de intencionalidad, a la reincidencia, a los daños y perjuicios causados a las personas interesadas y a terceras personas, y a cualquier otra circunstancia que sea relevante para determinar el grado de antijuridicidad y de culpabilidad presentes en la concreta actuación infractora.

# Procedimiento sancionador

Comenzará de oficio por iniciativa la DGOJ, por acta motivada de la inspección, por petición razonada de otros órganos o por denuncia.

El procedimiento se resolverá en un plazo de 6 meses desde la fecha de inicio y serán de aplicación las disposiciones reguladas en la Ley de Régimen Jurídico de las Administraciones Públicas y del Procedimiento Administrativo Común y el Reglamento para el Ejercicio de la Potestad Sancionadora en la Administración General del Estado.

Durante la sustanciación del procedimiento, y mediante acuerdo motivado, se podrán adoptar como medidas cautelares la suspensión temporal de la actividad objeto del correspondiente título habilitante y el decomiso o precinto de cualquier bien o documentación relativa al desarrollo de la actividad.

La competencia para el ejercicio de la potestad sancionadora para aquellas infracciones calificadas como graves y leves corresponde al titular de la DGOJ, mientras que para las muy graves corresponde al titular del Ministerio de Consumo, competencia que está delgada al Secretario General de Consumo y Juego.

Las resoluciones sancionadoras pueden ser recurrida en reposición ante el mismo órgano que dicto la resolución o mediante recurso de alzada ante el Secretario de Estado de Hacienda, además del régimen de recursos jurisdiccionales de la vía contencioso-administrativa.

# LA FISCALIDAD DEL JUEGO

## Visión general

El sistema tributario sobre el juego en España está absurdamente desfragmentado, pudiendo hablarse de 19 sistemas tributarios sustancialmente diferentes entre ellos, que estarían compuestos por los 17 de las Comunidades Autónomas, el de Ceuta y Melilla y el sistema tributario estatal para el juego online (Además del que pueda aprobarse por cada Comunidad Autónoma para regular el juego online limitado a su territorio). De forma simplificada podemos diferenciar con carácter no exhaustivo:

Tributos que soportan los operadores

- Tributos especiales del juego
    - Juego estatal online
        - Impuesto sobre actividades de juego
        - Tasa de gestión administrativa de la actividad de juego
    - Juego autonómico presencial
        - "Tasa" fiscal autonómica sobre el juego [presencial] (regulación autonómica que puede sustituir la regulación estatal de la tasa fiscal del juego, que tiene carácter supletorio).
        - Tasa de gestión administrativa de la actividad de juego en cada Comunidad Autónoma.
        - Impuesto sobre el juego online limitado a la Comunidad Autónoma (o los posibles recargos aplicados a residentes fiscales de cada

Comunidad Autónoma del Impuesto [estatal] sobre actividades de juego).

- o Tributos no especiales del juego. Los más importantes son:
  - Impuesto sobre Sociedades
  - Impuesto sobre el Valor Añadido
  - Impuesto sobre Actividades Económicas

Tributos que soportan los jugadores

- o Gravamen sobre los premios de loterías y las apuestas de SELAE
- o Ganancias patrimoniales en IRPF (o en su caso Impuesto sobre Sociedades).

# El Impuesto sobre Juego Online (Impuesto sobre Actividades de Juego)

Constituye el hecho imponible la autorización, celebración u organización de los juegos, rifas, concursos y apuestas de ámbito estatal (incluso los esporádicos), incluyendo las combinaciones aleatorias con fines publicitarios o promocionales de ámbito estatal (que recordamos quedaban excluidos para el resto de aspectos de la LRJ) sin perjuicio de la aplicación de los regímenes forales de País Vasco y Navarra y de lo dispuesto en los tratados Internacionales que hayan pasado a formar parte del ordenamiento jurídico. Según la consulta vinculante de la DGT de 5-12-2019 lo relevante es que la autorización celebración u organización se realice en España, es decir, que el organizador disponga de licencia en España, con independencia de que el organizador o los jugadores sean o no residentes en España.

Quedan excluidos por tanto de este régimen fiscal:

- Los juegos o competiciones de puro ocio, pasatiempo o recreo que constituyan usos sociales, en el ámbito estatal que no produzcan transferencias económicamente evaluables salvo el precio por la utilización de los medios necesarios para su desarrollo que no constituyan beneficio económico para el promotor.
- Las actividades de juego realizadas a través de medios electrónicos, informáticos, telemáticos o interactivos cuyo ámbito no sea el estatal.
- Los juegos de lotería de ámbito estatal, con independencia del operador público y privado que los organice.

## Devengo y liquidación del impuesto

El devengo del impuesto se produce el día de la autorización, cuando la autorización, celebración u organización no se extienda a periodos temporales. En este caso se practicará una liquidación administrativa provisional en base a los ingresos estimados que tendrá carácter de ingreso a cuenta de la liquidación definitiva que se practique una vez acreditados el importe definitivo de los ingresos obtenidos en el plazo de 20 días a partir de la finalización de la actividad.

El devengo del impuesto se produce el primer día de cada año natural, cuando la autorización, celebración u organización se extienda a periodos temporales, salvo para el primer periodo que coincidirá con la fecha de la autorización. En este caso el sujeto pasivo practicará una autoliquidación trimestral que se presentará durante el mes siguiente al trimestre cuya autoliquidación se esté presentando mediante la presentación del modelo 763.

Asimismo, son responsables solidarios del pago del impuesto:

- Los sujetos que ofrezcan actividades de juego a residentes españoles, independientemente del territorio desde donde actúen, siempre que no hubieran constatado que los operadores que organizan esas actividades cuentan con el título habilitante necesario

- Los dueños o empresarios de infraestructuras y los prestadores de servicios de la sociedad de la información cuando debieran razonablemente presumir que dichas infraestructuras o servicios se utilizan para la celebración de actividades de juego reguladas por la LRJ.

Para evitar esta responsabilidad solidaria tan solo debe acudirse a la web de la DGOJ para verificar si el operador cuenta con el título habilitante necesario.

## Bases imponibles y tipos impositivos

La base imponible estará constituida, dependiendo del tipo de juego por:

Los ingresos brutos, definidos como el importe total de las cantidades que se dediquen a la participación del juego, así como cualquier otro ingreso que se pueda obtener, directamente derivado de su organización o celebración.

Los ingresos netos, definidos como el importe total de las cantidades que se dediquen a la participación del juego, así como cualquier otro ingreso que se pueda obtener, directamente derivado de su organización o celebración, deducidos los premios satisfechos por el operador a los participantes. La Consulta Vinculante de la Dirección General de Tributos de fecha 5 -12-2019 establece que tiene la consideración de premio tanto las cantidades que se corresponden con dinero real (incluyendo *jackpot* y premios en especie) como el importe relativo a los bonos, es decir, que debe entenderse como premio cualquier recompensa entregada a los jugadores por el éxito en la celebración del juego de azar.

Cuando se trate de apuestas cruzadas o de juegos en los que los sujetos pasivos no obtengan como ingresos propios los importes jugados, sino que, simplemente, efectúen su traslado a los jugadores que los hubieran ganado, la base imponible se integrará por las comisiones, así como por cualesquiera cantidades por servicios relacionados con las actividades de juego, cualquiera que sea su denominación, pagadas por los jugadores al sujeto pasivo.

La Consulta Vinculante de la Dirección General de Tributos de fecha 5-12-2019 aclara que se deben integrar en la base imponible todas las cantidades recibidas, tanto las dedicadas a las apuestas (ya sean depositadas por el jugador o las que se generen con bonos) como las obtenidas por la organización o celebración de los juegos (como la contribución al *jackpot*).

Por su parte la Consulta Vinculante de la Dirección General de Tributos de fecha 12-3-2020 aclara que no forman parte de la base imponible las cantidades de las apuestas canceladas con anterioridad a la celebración del juego, o las anuladas al producirse en el contexto de actividades fraudulentas (en cuyo caso se anula la apuesta y los eventuales premios satisfechos). Si dicha anulación tuviere lugar una vez presentada la autoliquidación del impuesto deberá procederse a modificarse la base imponible declarada, dando lugar a una declaración complementaria o en su caso rectificativa.

Según la Consulta Vinculante de la Dirección General de Tributos de fecha 29-11-2017 las propinas o liberalidades del jugador producidas en el contexto del juego, pero que no comportan participación en el mismo, quedan excluidas de la base imponible.

En las combinaciones aleatorias con fines publicitarios o promocionales, la base imponible será el importe total del valor de mercado de los premios ofrecidos o ventajas concedidas a los participantes. Según el Tribunal Económico Administrativo Central en resolución de fecha 15-13-2018, en el caso de que los premios finalmente concedidos han sido inferiores a los ofertados inicialmente, no procede devolución parcial del impuesto por la diferencia entre la base imponible declarada y el valor real de los premios entregados. En el caso de que el importe sea satisfecho a través de instrumentos de tarificación adicional, se considerará que la cantidad dedicada a la participación en el juego es el importe de la tarificación adicional, excluido el impuesto indirecto correspondiente.

| Modalidad de Juego | Base imponible | Tipo impositivo | Tipo impositivo en Ceuta y Melilla |
|---|---|---|---|
| Apuestas deportivas del Estado | Ingresos brutos | 22% | 22% |
| Apuestas[22] | Ingresos netos | 20% | 10% |
| Rifas no benéficas y sin utilidad pública | Ingresos netos | 20% | 10% |
| Rifas benéficas o de utilidad pública | Ingresos netos | 5% | 2,5% |
| Concursos y otros juegos | Ingresos netos | 20% | 10% |
| Combinaciones aleatorias | Valor mercado premios ofrecidos o ventajas | 10% | 5% |

Según la Consulta Vinculante de la Dirección General de Tributos de fecha 4-4-2019 se considera que un operador está realmente radicado en Ceuta o Melilla si tiene residencia fiscal allí, para lo que deben cumplirse los siguientes requisitos:

a. Que el operador tenga la residencia fiscal formal en Ceuta o Melilla.

b. Que más del 50% de los medios personales (plantilla de trabajadores) estén adscritos a su sede en Ceuta o Melilla y tengan allí su residencia habitual.

c. Que más del 50% de los costes de personal totales de la empresa (masa salarial) corresponda a los empleados adscritos a la sede en Ceuta o Melilla y tengan allí su residencia habitual.

---

[22] Apuestas deportivas mutuas, de contrapartida y cruzadas, apuestas hípicas mutuas y de contrapartida, otras apuestas mutuas, de contrapartida y cruzadas.

d. Que el conjunto de servicios recibidos por el operador de otras empresas del grupo (servicios intragrupo) no supere el 50% del total de los costes del operador, con independencia de la radicación de las demás empresas del grupo.

Las Comunidades Autónomas, respecto de las actividades que sean ejercidas por operadores, organizadores o por quienes desarrollen la actividad gravada con residencia fiscal en su territorio podrán elevar los tipos impositivos del impuesto hasta un máximo del 20%. Dicho incremento se aplicará exclusivamente sobre la parte proporcional de la base imponible correspondiente a la participación en el juego de los residentes fiscales en el territorio de la Comunidad Autónoma que eleve los tipos.

El reparto de la recaudación se realiza de la siguiente forma:

Corresponde a la Comunidad Autónoma los ingresos por el juego de los residentes en dicha comunidad, respecto a las actividades que se hayan efectuado mediante sistemas de medios electrónicos informáticos o telemáticos. También corresponderá a la Comunidad Autónoma la recaudación correspondiente al incremento del tipo impositivo referido en el párrafo anterior.

Corresponde al Estado lo recaudado por el gravamen sobre las apuestas mutuas deportivo-benéficas (es decir, las comercializadas por la Sociedad Estatal de Loterías y Apuestas del Estado) y las apuestas mutuas hípicas estatales, incluso si se efectúan mediante medios electrónicos, informáticos o telemáticos.

El juego online estatal recaudó 776 millones de euros en 2019, de los cuales más de la mitad corresponden a la categoría de las apuestas. Prácticamente ha doblado el importe que se venía recaudando en 2015 (328 millones de euros).

El juego online autonómico recaudó 28 millones de euros en 2019.

# Las tasas por la gestión administrativa del juego

La LRJ prevé las siguientes tasas:

| Hecho imponible | Sujeto pasivo | Devengo | Cuantía |
|---|---|---|---|
| **Emisión de certificaciones registrales** | El solicitante | Fecha de la solicitud | 20€ |
| **Emisión de dictámenes técnicos de evaluación de sistemas de juego** | El solicitante | Fecha de la solicitud | 38.000€ (mínimo) |
| **Inscripción en el Registro General de Licencias de Juego** | El solicitante | Fecha de la solicitud | 2.500€ |
| **Solicitud de Licencias y autorizaciones** | El solicitante | Fecha de la solicitud | 10.000€ por licencia y 100€ por cada autorización |
| **Inspecciones y comprobaciones técnicas obligatorias** | El inspeccionado o comprobado | Fecha de comunicación de las actuaciones | 5.000€ (mínimo) |
| **Actuaciones regulatorias de la CNJ sobre actividades de juego desarrolladas por los operadores y sujetas a supervisión** | Operadores, organizadores y quienes celebren actividades de juego | 31 de diciembre de cada año o fecha de pérdida de la habilitación | 0,75 por mil de los ingresos brutos de explotación* |

*Se entiende por ingresos brutos de explotación el importe total de las cantidades dedicadas a la participación del juego; En el caso de las apuestas cruzadas el importe de lo ganado por los jugadores que participen.

Las anteriores cuantías podrían ser modificadas por las Leyes de Presupuestos Generales del Estado.

A tener en cuenta que, dado que este impuesto se crea en 2011 con la LRJ, con anterioridad se aplicaría la tasa fiscal, que es objeto de explicación a continuación, aunque el operador desarrollara su actividad de forma online y sin autorización, como pone de manifiesto, Audiencia Nacional en sentencia de 30 de junio de 2020 o de 21 de enero de 2019.

# El Impuesto sobre el juego presencial ("Tasa" fiscal sobre el Juego)

Se trata de la llamada Tasa Fiscal sobre Rifas, Tómbolas, Apuestas y Combinaciones Aleatorias, regulada en el Decreto 3059/1966, de 1 de diciembre, por el que se aprueba el texto refundido de las Tasas Fiscales.

Dicha tasa se encuentra regulada para los Juegos de Suerte, Envite o Azar, en el Real Decreto-ley 16/1977, de 25 de febrero, por el que se regulan los aspectos penales, administrativos y fiscales de los juegos de suerte, envite o azar y apuestas.

Inicialmente, la tasa fiscal quedaba afecta, según la literalidad de entonces, a *"acciones de asistencia, recuperación e integración de minusválidos físicos y sensoriales y de los subnormales, con especial atención a los niveles más altos de deficiencia; prevención de la subnormalidad, educación especial, prevención y tratamiento de la delincuencia juvenil y asistencia social a la tercera edad"*, afección que quedaría posteriormente eliminada.

Aunque se le llame "tasa" jurídicamente está más cerca de ser un impuesto de acuerdo con la definición de los tributos que realiza la Ley General Tributaria en su artículo 2.2. De hecho, así ha sido interpretado en distintas sentencias del Tribunal Supremo y del Tribunal Constitucional. Como ejemplo [23], la Sentencia del Tribunal Constitucional 296/1994, de 10 de noviembre, determina que *"El tributo*

---

[23] También pueden consultarse las sentencias del Tribunal Constitucional 296/1994, 35/2012 y 165/2012.

*sobre el juego, creado por el art. 3 del Real Decreto 16/1977 es una figura fiscal distinta de la categoría de "tasa", puesto que con ello no se pretende la contraprestación proporcional, más o menos aproximada, del coste de un servicio o realización de actividades en régimen de Derecho público, sino que constituye un auténtico "impuesto" que grava los rendimientos obtenidos por actividades de empresarios privados de manera virtualmente idéntica a los impuestos que gravan la adquisición de renta por actividades expresiva de capacidad económica*". Otro ejemplo sería la Sentencia del Tribunal Supremo 3688/1988, de 17 de mayo, que cita "*En tal aspecto, el hecho imponible, según se define allí, aparece constituido por la autorización, celebración u organización de aquellos juegos y, en consecuencia, ese talante permanente y continuo, sin la equivalente y simétrica prestación de un servicio o la realización de una actividad por la Administración, les separa del concepto estricto de tasa, como contraprestación, para aproximarlo a una exacción más parecida a un impuesto*".

Esta "*tasa*" es de aplicación para aquellos hechos que no estén sujetos al Impuesto sobre las Actividades de Juego de la Ley 11/2011, de regulación del juego, es decir, que es aplicable a las actividades de juego "presencial".

La Ley 14/1996, de 30 de diciembre, de cesión de tributos del Estado a las Comunidades Autónomas y de medidas fiscales complementarias, permitió a las Comunidades Autónomas asumir competencias regulatorias en determinados aspectos tributarios como son la regulación de exenciones, base imponible, los tipos de gravamen, las cuotas fijas, las bonificaciones y el devengo, así como los aspectos aplicación de los tributos. Por ende, la regulación que desgranamos seguidamente resulta de carácter supletorio en caso de que la comunidad autónoma no haya asumido competencias regulatorias. Por tanto, a este respecto deberán identificarse cada una de las normativas vigentes en cada una de las comunidades autonómicas que hubieran asumido competencias en sus respectivos estatutos de autonomía.

## Aplicación a Rifas, Tómbolas, Apuestas y Combinaciones Aleatorias

El hecho imponible está constituido por la autorización, organización o celebración de rifas, tómbolas, apuestas y combinaciones aleatorias.

La exacción de la tasa por la autorización, celebración u organización de rifas, tómbolas, apuestas y combinaciones aleatorias se atribuye a la comunidad autónoma cuando el ámbito territorial de participación no excede del suyo propio. Si lo excede se atribuye al Estado.

Son sujetos pasivos de las tasas los organizadores de rifas y tómbolas y las empresas cuyas actividades incluyan la celebración de apuestas o desarrollen combinaciones aleatorias con fines publicitarios, siendo responsables solidarios del pago los dueños o empresarios de los locales donde se celebren.

Se encuentran exentos de la tasa:

- Los sorteos organizados por la SELAE y la ONCE.

- La celebración de sorteos, rifas y tómbolas por la Cruz Roja Española.

- La celebración de tómbolas diocesanas de caridad por las confesiones religiosas.

# Bases imponibles y tipos impositivos

| Modalidad de juego | Base imponible | Tipo Impositivo |
|---|---|---|
| **Rifas y tómbolas (en general)** | El importe de los billetes o boletos o medios de participación ofrecidos, o en defecto de soportes físicos, del importe total de los ingresos obtenidos | 15% |
| **Rifas y tómbolas benéficas o de utilidad pública** | | 5% |
| **Tómbolas de duración inferior a 15 días y premios inferiores a 60,10€, organizadas con ocasión de mercados, ferias o fiestas de ámbito local** | | Optar entre 15% de la base imponible o una cantidad fija diaria de 6,01€ (en capitales o poblaciones de más de 100.000 habitantes), 3,01€ (poblaciones entre 20.000 y 100.000 habitantes) o 1,5€ (poblaciones inferiores a 20.000 habitantes) |
| **Rifas benéficas tradicionales[24]** | Importe de los billetes distribuidos | 1,5% |
| **Apuestas[25]** | | 10% |
| **Combinaciones aleatorias** | Valor de mercado de los premios ofrecidos[26] | 10% |

---

[24] El decreto se refiere a las rifas de carácter tradicional que hayan disfrutado durante los 10 últimos años de un régimen más favorable. Este beneficio queda limitado al número e importe máximo de los billetes que se hayan distribuido en años anteriores.

[25] El decreto establece que las apuestas gananciosas de las denominadas "traviesas", celebradas en el interior de los frontones y hechas con la intervención de corredor, satisfarán el 1,5%.

[26] Aunque el decreto habla de "el valor de los premios ofrecidos", la Audiencia Nacional en sentencia de 30-9-13 interpreta que este es su precio de venta, IVA excluido, pues es su valor de mercado. Por tanto, no ha de cuantificarse el coste de producción del bien que se recibe sino el valor que tiene ese bien en el mercado.

El devengo en las rifas, tómbolas y las combinaciones aleatorias sin fines publicitarios o promocionales, tiene lugar cuando se concede la autorización necesaria, y en su defecto cuando se celebran. En las apuestas y las combinaciones aleatorias con fines publicitarios[27], el devengo tiene lugar cuando se celebran.

El pago de la tasa puede realizarse en efectivo o mediante efectos timbrados, según corresponda. Para el caso de las apuestas y las combinaciones aleatorias con fines publicitarios, cuando la exacción corresponda al Estado, se presentará la autoliquidación a través del modelo 685.

## Tasa fiscal sobre los Juegos de Suerte, Envite o Azar

El hecho imponible está constituido por la autorización, organización o celebración de juegos de suerte, envite o azar.

Se incluyen dentro del ámbito de aplicación de la Tasa las apuestas celebradas en casinos de juego, el bingo, los juegos mediante máquinas o aparatos automáticos y los juegos mediante boletos.

---

[27] La disposición adicional primera de la Ley 25/2009, de 22 de diciembre de 2009 dispensa de autorización administrativa previa para la organización, celebración y desarrollo de combinaciones aleatorias con fines publicitarios o promocionales siempre que la participación del público sea gratuita y en ningún caso exista sobreprecio o tarificación adicional.

Los sujetos pasivos de la tasa fiscal son los organizadores y empresas que celebren los juegos de suerte, envite o azar, siendo además responsables del pago de la tasa los dueños y empresarios de los locales donde se celebren.

## Bases imponibles y tipos impositivos

La base imponible son los ingresos brutos que los casinos obtengan procedentes del juego o las cantidades que los jugadores dediquen a su participación en los juegos que tengan lugar en los distintos locales, instalaciones o recintos donde se celebren juegos de suerte, envite o azar.

Se establecen los siguientes tipos y cuotas tributarias, que han sido elevados progresivamente desde la promulgación del real decreto en cada una de las 21 modificaciones que éste ha sufrido:

| Modalidad de Juego | Base Imponible | Tipo Impositivo |
| --- | --- | --- |
| **En general (incluye bingos)** | Cantidades que los jugadores dediquen a su participación en los juegos (sin deducción) | 10% |
| **Casinos** | Cantidades que los jugadores dediquen a su participación en los juegos (sin deducción) | Escalonado progresivo: Hasta 1,322.226,63€: 10% Hasta 2.187.684,06€: 17,5% Hasta 4.363.347,88€: 22,5% En adelante: 27,555% |

Se excluye de la base imponible por tanto las liberalidades de los jugadores y los importes abonados en la entrada para acceder al local.

| Modalidad de Juego | Número de jugadores | Cuota fija |
|---|---|---|
| Máquinas tipo B o recreativas con premio | 1 jugador | 1.765,5 euros |
| | 2 jugadores | 3.531 euros |
| | 3 o más jugadores | 3.531 euros + 882,75 euros por cada jugador adicional a partir del tercero |
| Máquinas tipo C o de azar | - | 2.010,38€ |

La tarificación de las máquinas tipo C o de azar dependía inicialmente de la moneda o billete que accionaba el juego. Esta tipología queda eliminada en las redacciones más actuales, y sustituida como hemos visto por una cuota única. Las máquinas tipo B o recreativas con premio no distinguían inicialmente el número de jugadores de cara a su tarificación.

La clasificación de las máquinas de juego se establece en el Reglamento de Máquinas Recreativas y de Azar, aprobado por el Real Decreto 2110/1998, de 2 de octubre, por el que se aprueba el Reglamento de Máquinas Recreativas y de Azar.

El devengo con carácter general tiene lugar con la autorización, y en su defecto, con organización o celebración del juego. Para las máquinas la tasa se exige por años naturales devengándose el uno de enero de cada año para los aparatos autorizados en años anteriores, con la salvedad del primer año, en el que coincide la autorización con el devengo.

En el pasado fue una práctica recurrente que el legislador aprobara elevar la cuota de las máquinas (o mejor dicho, aprobar una cuota complementaria) una vez iniciado el periodo de devengo a que se refería el impuesto, es decir, de forma retroactiva. La Sentencia del Tribunal Constitucional 91/1997, de 8 de mayo de 1997, resuelve una serie de recursos de inconstitucionalidad planteados entre 1994 y 1996, determinando que las normas que aprobaban estos artificios fiscales eran inconstitucionales por ir en contra de la seguridad jurídica.

Cuando la exacción de la tasa corresponde al Estado, los modelos a utilizar son:

- Para los bingos: modelo 043.

- Para los casinos: modelo 044.

- Para las máquinas: modelo 045.

Además de las sanciones establecidas en la normativa fiscal por falta de pago u ocultación de la base imponible se prevé la sanción específica consistente en la suspensión de la autorización administrativa por un plazo máximo de 6 meses, o la pérdida definitiva en caso de reincidencia.

# El Impuesto sobre Sociedades y el Impuesto sobre el Valor Añadido

Pese a que tanto el juego presencial como el juego online tienen sus propios impuestos especialmente diseñados les sigue siendo de aplicación el Impuesto sobre Sociedades, por lo que se produce ciertamente una doble imposición pese a que los impuestos específicos sobre el juego graven el ingreso neto (mayoritariamente) y el Impuesto sobre sociedades grave el beneficio neto. Lo peculiar de las empresas de juego es que pueden deducir de su base imponible el importe de las tasas sobre el juego abonadas, ya que se considera un gasto de explotación.

En lo que respecta al IVA, y de acuerdo con lo dispuesto en el artículo 20.1.19º de la Ley 37/1992, de 28 de diciembre, todas las actividades sujetas a los tributos del juego están exentas de IVA. En particular, están exentas de IVA:

*Las loterías, apuestas y juegos organizados por la Sociedad Estatal Loterías y Apuestas del Estado y la Organización Nacional de Ciegos y por los organismos correspondientes de las Comunidades Autónomas, así como las actividades que constituyan los hechos imponibles de los tributos sobre el juego y combinaciones aleatorias.*

*La exención no se extiende a los servicios de gestión y demás operaciones de carácter accesorio o complementario de las incluidas en el párrafo anterior que no constituyan el hecho imponible de los tributos sobre el juego, con excepción de los servicios de gestión del bingo.*

Ello es favorable para los jugadores, que no soportan IVA, pero desfavorable para los operadores, que no pueden deducir el IVA en la adquisición de los bienes y servicios que les sean necesarios para el desempeño de su actividad, por lo que el IVA soportado será para ellos un mayor coste de los servicios o bienes.

La sentencia del STJ de Madrid de 17 de Julio de 2018 confirma el acta de liquidación levantada a una empresa española prestadora de servicios de marketing que "olvidó" repercutir IVA a una empresa de juego de Gibraltar por dichos servicios de marketing. En palabras del Tribunal, ya sean *"prestaciones ficticias o no, sobre actividades lícitas o no, pero desde luego sujetas a IVA"*.

# Fiscalidad para los jugadores
## Gravamen sobre los premios en sorteos y loterías

Estos premios históricamente siempre estuvieron exentos de impuestos desde que la Lotería Nacional se impuso como único operador nacional. La Ley 6/2018, de Presupuestos Generales del Estado, modificó la anterior Ley 16/2012 de PGE de 2013, manteniendo el gravamen del 20% sobre los premios de lotería, pero elevando el mínimo exento en 2020 a 40.000 euros, que anteriormente había estado situado en 20.000 euros (2019), 10.000 euros (2018) y 2.500 euros (2012).

# Impuesto sobre la Renta de las Personas Físicas (IRPF)

Las ganancias de juego tendrán la consideración en IRPF de ganancias patrimoniales que no derivan de transmisiones, por lo que su tributación tiene lugar en la base imponible general en lugar de la base imponible del ahorro. No tendrán la consideración de pérdidas patrimoniales las pérdidas de juego, pero no obstante el artículo 33.5 permite la compensación entre pérdidas y ganancias, a efectos de reducir la base imponible, es decir, que las pérdidas se restarán de las ganancias, aunque del juego no se pueden derivar rendimientos negativos que reduzcan la base imponible procedentes de otros ingresos.

Nos parece interesante destacar la Sentencia del Tribunal Superior de Justicia de Cataluña, de 18 de julio de 2019 y la Sentencia del Tribunal de Justicia de Baleares de 23 de julio de 2019. En ambos pronunciamientos el Tribunal establece que los jugadores de póquer no realizan una actividad profesional, y por tanto no puede hablarse de ingresos y gastos de una actividad económica a efectos de IRPF, es decir, que no cabe la posibilidad de deducir gastos, aunque si de compensar ganancias y pérdidas.

# LA PREVENCIÓN DEL BLANQUEO DE CAPITALES Y FINANCIACIÓN DEL TERRORISMO EN EL JUEGO

## Concepto y regulación

La expresión "*blanqueo*" es la más conocida y popular para referirse a este aspecto. En Francia se utiliza la expresión "*blanchiment de l'argent*", en Portugal "*branqueamento de capitais*", en italia "*riciclaggio*", en Estados Unidos y Reino Unido "*Money Laundering*", en Alemania "*Geldwäsche*", en Austria "*Geldwäscherei*", etc. Son expresiones que vienen a traducirse por "lavado de dinero", término que también es usado en países de Latinoamérica.

En palabras de El Tribunal Supremo[28], El blanqueo de capitales es la actuación consistente en la incorporación al mercado o circuito legal, bajo apariencia de legalidad, de los bienes obtenidos como consecuencia de la perpetración de una actividad delictiva precedente. Es decir, es la incorporación al tráfico legal de los bienes, dinero, y ganancias en general, obtenidos en la realización de actividades delictivas, de manera que superado el proceso de incorporación al circuito legal se haga posible su disfrute, de forma jurídicamente incuestionada.

---

[28] Sentencia de El Tribunal Supremo (sala Penal) número 677/2019, de 23 de enero de 2020

Para la explicación del proceso se suelen distinguir 3 fases:

A. Fase de inserción o colocación

B. Fase de ocultación

C. Fase de integración

No obstante, hay que matizar que no siempre se dan las 3 fases, y que no siempre interviene el dinero en forma de efectivo.

Las directivas europeas proporcionan una definición de blanqueo de capitales que es reproducida literalmente por la Ley 10/2010, que entiende por blanqueo de capitales:

La conversión o la transferencia de bienes, a sabiendas de que proceden de una actividad delictiva o de la participación en una actividad delictiva, con el propósito de ocultar o encubrir el origen ilícito de los bienes o de ayudar a personas que estén implicadas a eludir las consecuencias jurídicas de sus actos.

La ocultación o encubrimiento de la naturaleza, el origen, la localización, la disposición, el movimiento o la propiedad real de bienes o derechos sobre bienes, a sabiendas de que dichos bienes proceden de una actividad delictiva o de la participación en una actividad delictiva.

La adquisición, posesión o utilización de bienes, a sabiendas, en el momento de la recepción de los mismos, de que proceden de una actividad delictiva o de la participación en una actividad delictiva

La participación en alguna de las actividades mencionadas, la asociación para cometer este tipo de actos, las tentativas de perpetuarlas y el hecho de ayudar, instigar o aconsejar a alguien para realizarlas o facilitar su ejecución.

A tener en cuenta que en esta definición se considera que existe blanqueo de capitales aun cuando las actividades que hayan generado los bienes se hubieran desarrollado en el territorio de otro Estado, y que se entiende por bienes procedentes de una actividad delictiva todo tipo de activos cuya adquisición o posesión tenga su origen en un delito, tanto materiales como inmateriales, muebles o inmuebles, tangibles o intangibles así como documentos o instrumentos jurídicos con independencia de su forma, incluidas la electrónica o la digital, que acrediten la propiedad de dichos activos o un derecho sobre los mismos.

El propósito de la regulación existente en esta materia es impedir la entrada de fondos criminales (normalmente provenientes de bandas criminales organizadas) en el sistema financiero, haciendo más difícil para los criminales y terroristas el empleo de su patrimonio para cualquier propósito evitando así el consiguiente impacto negativo en la sociedad.

En el marco del sector del juego, la normativa sobre prevención de blanqueo de capitales y financiación del terrorismo trata de impedir la entrada de los fondos criminales al sistema financiero, ya exista una finalidad de blanqueo de capitales o simplemente jugar con los beneficios de una actividad delictiva.

El sector del juego es un sector especialmente atractivo para los blanqueadores de dinero debido a:

- La liquidez de este mercado, que permite de forma rápida y fácil la transferencia de capital entre personas y la conversión de unos instrumentos de pago (normalmente efectivo) a otros.

- El bajo coste o valor de transferencia entendido como el reducido menoscabo o depreciación del valor del importe blanqueado una vez realizado el movimiento de fondos.

- El bajo coste de acceso al juego.

Los blanqueadores pueden convertir sus fondos provenientes de la actividad delictiva de forma rápida en bienes líquidos (fichas, créditos de casino, fondos en cuentas de juego) en una transacción de juego, convirtiéndose en ganancias de juego aparentemente legítimas que pueden acabar siendo retiradas por el mismo, en manos del operador de juego, o en manos de otro jugador.

Los criminales suelen externalizar la labor de blanqueo a un "proveedor" externo, con la finalidad de disfrazar los fondos criminales y su relación con estos. Así se consigue desconectar la actividad delictiva original del propio blanqueo de capitales, y reducir el riesgo de que la identidad del criminal original sea descubierta.

Hay que considerar el riesgo que ofrece cada jurisdicción, ya que los blanqueadores de dinero elegirán aquellas que presenten mayores debilidades para conseguir su propósito. En algunos casos, esas jurisdicciones son el refugio de los operadores de juego ilegales, que pueden estar conectados con las bandas criminales organizadas.

En España, la Unidad de Inteligencia Financiera de España y autoridad supervisora en materia de prevención de blanqueo de capitales y financiación del terrorismo es el Servicio Ejecutivo de la Comisión de prevención del Blanqueo de Capitales (en adelante, SEPBLAC)[29].

Desde un punto de vista de su prevención y su punibilidad, tienen especial interés las Recomendaciones del Grupo de Acción Financiera Internacional (GAFI), o dicho en su nomenclatura en inglés Financial Action Task Force (FATF), y en lo que se refiere al espacio europeo, las directivas europeas dictadas al respecto.

Para el estudio de la materia vemos conveniente repasar primero las recomendaciones del GAFI centradas en el ámbito de los casinos, que tienen una cronología anterior y un ámbito internacional más amplio, y que pese a su especialidad en cuanto que se refieren exclusivamente a los casinos de juego (offline) resultan muy ilustrativas, para después con esa casuística en mente estudiar la normativa genérica de prevención de blanqueo de capitales en España, y acabar con el catálogo orientativo de operaciones de riesgo en España aplicables al juego offline y online.

---

[29] Se puede ampliar la información en https://www.sepblac.es

# El Grupo de Acción Financiera Internacional (GAFI)

Nació en 1987 de la mano del G-7. Es un observatorio internacional que fija y monitoriza los estándares de la prevención de blanqueo de capitales y financiación del terrorismo a sus países adscritos (más de 200), los cuales se han comprometido a adoptar dichas políticas y estándares en su legislación interna. Actualmente tiene 39 países miembros además de otras muchas organizaciones principalmente de tipo financiero.

EL GAFI viene elaborando desde 2012 un documento en el que recoge sus recomendaciones[30] en la lucha contra el blanqueo de capitales y financiación del terrorismo. Entre sus 40 recomendaciones son de aplicación las siguientes al sector de los Casinos:

- Recomendación 22: Supone la realización de la *Due Diligence* descrita en las recomendaciones 10,11,12,15 y 17.

- Recomendación 24: Supone la transparencia en relación con el titular real de las personas jurídicas.

- Recomendación 25: Supone la transparencia en relación con acuerdos legales (Principalmente dirigida a las organizaciones tipo "*trusts*").

---

[30]       http://www.fatf-gafi.org/publications/fatfrecommendations/documents/fatf-recommendations.html

En 2009 El GAFI elaboró un informe en el que se detallaban las vulnerabilidades de los casinos en relación con el blanqueo de capitales, pero el juego online (y por supuesto el juego ilegal) no quedaba comprendido en dicho informe. No obstante, muchas de las jurisdicciones tratan a los operadores de juego online como Casinos a estos efectos.

Este informe puso de manifiesto los riesgos que son objeto de análisis a renglón seguido agrupados por áreas:

# A. Uso de instrumentos de valor del Casino.

Los casinos utilizan distintos tipos de instrumentos de valor, dependiendo de la regulación existente en cada país. Algunos son: efectivo (*cash*), fichas de casino, maquinas *ticket-in-ticket-out*, créditos de las máquinas de juego, órdenes de caja, cheques de casino, certificados de regalo, cupones de fichas y tarjetas de regalo del casino.

El instrumento más común son las fichas, y se utiliza con el objetivo de sustituir el efectivo en las transacciones entre el casino y los jugadores. Tienen validez únicamente dentro del casino, aunque también pueden tener validez en otro casino que pertenezca al mismo grupo. Las fichas pueden ser compradas en efectivo y mantenerse en esa forma por un tiempo para posteriormente ser transformadas en un cheque, un giro bancario o transferencia bancaria, pudiendo ser transferido el capital a otra jurisdicción donde el operador disponga de un casino. Incluso pueden ser usadas para jugar y conservar un certificado de las ganancias.

Las fichas también pueden ser compradas a otros jugadores "legítimos" a un precio mayor que su valor facial, de forma que después puedan ser canjeadas en el casino por dinero aparentemente proveniente de ganancias del juego. Lo mismo ocurre con las tarjetas regalo (*reward cards*).

Los cheques del casino pueden ser convertibles en efectivo, como es permitido en algunas jurisdicciones. Se ha observado que los cheques de casino de alto valor, aunque también ocurre con las fichas, pueden tener una circulación secundaria como instrumentos negociables, y pueden ser usados para adquirir bienes o servicios (lícitos o ilícitos). Los cheques además presentan la ventaja sobre las fichas de que pueden usarse para esconder el valor en lugar de conservarlo como efectivo. Las fichas de casino no tienen reconocido valor monetario según distintas regulaciones por lo que pueden ser transportadas a otras jurisdicciones sin necesidad de ser declaradas en la aduana.

Algunas jurisdicciones permiten la combinación de ganancias y efectivo en cheques de casino, una práctica que puede ser muy atractiva para los blanqueadores.

Por su parte, muchos casinos permiten la emisión de certificados regalo, que pueden ser cobrados por terceras partes, lo que permite distanciar el dinero blanqueado de los fondos ilícitos.

## Casuística histórica

- En Australia fue identificado un grupo criminal que usaba el casino como método preferido para blanquear millones de dólares derivados de actividades criminales. La operativa consistía en comprar fichas y cobrarlas sin jugar, jugando a máquinas tragaperras y declarando que los fondos eran ganancias del bote (*jackpot*) y jugando en juegos con poco retorno pero altas probabilidades de ganancia.

- En Bélgica se identificaron dos hombres asiáticos que compraron fichas por importe de 25.000 euros. Cuando acudían al casino no jugaban en las mesas y le daban las fichas a un tercero también de nacionalidad asiática. Las investigaciones determinaron que los tres asiáticos pertenecían a una red que pretendía dejar un rastro en aras de justificar la procedencia de los fondos, que en realidad procedían del tráfico de personas.

- En 2007, dos sujetos fueron condenados por robar dos talonarios de cheques de Barclays en Nueva Delhi y utilizarlos para la compra de fichas de un casino de Londres por importe de 25.000 GBP.

- En 2006 se detectó en Corea que un sujeto compró fichas con cheques por importe de 20 millones de USD entre 2003 y 2005. Se averiguó que las fichas eran cambiadas posteriormente por efectivo y cheques del casino, que eran usados para sobornar políticos.

- En Estados Unidos fue detectado un caso en el que un sujeto compraba tarjetas de regalo a jugadores legítimos (con fondos ilícitos) y eran utilizadas para comprar monedas de oro de la tienda del casino. Un empleado de la tienda estaba compinchado con el sujeto.

- Un abogado fue condenado en Nueva Jersey por malversar más de 500.000 USD y blanquear 250.000 USD en un casino de

Atlantic City. El sujeto transfirió mediante transferencia bancaria 250.000 USD al casino, para posteriormente canjear el dinero en fichas, jugar durante una hora a la ruleta perdiendo 10.000 USD y volver a canjear las fichas en dinero y abandonar el casino.

- En España, diferentes personas entraron de forma separada a un casino donde tras la compra de fichas y de jugar mínimamente pequeñas cantidades, intentaron cambiar las fichas solicitando un cheque pagadero a nombre de una tercera persona. Al día siguiente intentaron hacer lo mismo con diferentes personas y cantidades más bajas, lo que hizo levantar las sospechas del casino.

# B. Structuring o smurfing

El *structuring*, o también llamado *smurfing* (de "*smurf*", pitufo), supone la distribución o reparto de una gran cantidad de efectivo en un número de pequeñas transacciones con el objetivo de minimizar las sospechas y eludir los límites de reporte del operador.

Indicadores de que se puede estar blanqueando dinero

- Depositar o transferir regularmente importes similares de efectivo por debajo del límite de reporte en el país.

- El uso de terceras personas para realizar transacciones, usando una o varias cuentas.

- Utilizar cheques de distintas instituciones financieras para comprar cuando la cantidad de cada cheque es inferior al límite de reporte.

- Utilizar los cambios de turno para sistemáticamente cambiar efectivo por fichas u otros instrumentos de valor para eludir el límite de reporte.

- Cambiar de mesa de juego, sala de juego o casinos de una misma cadena cuando la cantidad apostada se acerca al límite de reporte.

- Requerir la división de las ganancias o el premio, que excede del límite de reporte, entre efectivo y fichas por debajo del límite de reporte para cambiarlo en el mostrador.

# C. Refining.

Es la estrategia contraria al *structuring*. Con el *refining* se pretende cambiar muchos billetes de poco valor por uno o pocos de más valor, más manejables, u obtener en algunos casos un certificado que da apariencia de fondos legítimos. Suele estar asociado con la venta de drogas. Una práctica habitual consiste en repartir los billetes entre distintas personas antes de entrar al casino para posteriormente dentro del casino "refinar" cada una de las asignaciones de dinero y reunirse de nuevo fuera del casino para agrupar la cantidad total.

Algunos mecanismos utilizados son:

- El uso del mostrador de la caja para cambiar monedas o pequeños billetes en grandes billetes.

- El uso de máquinas de juego que son recargadas para acumular crédito sin apenas jugar antes de reclamar el crédito. Dado que la cantidad a reclamar puede ser alta puede necesitar de un asistente del casino para emitir el ticket o documento similar que podrá ser canjeado por efectivo o cheques en el mostrador de caja. A estos efectos, a parte de las máquinas de juego se utilizan los videoterminales de lotería (*video lottery terminals*) y las máquinas *ticket-in-ticket-out* (TITO).

- Las cuentas de casino también son usadas para el refining, para recargarlas con efectivo de bajo valor y retirar fondos con efectivo de alto valor.

## Casuística histórica

- En Estados Unidos se descubrió que determinadas personas adquirieron fichas con efectivo de procedencia ilícita por debajo de los límites de reporte pero dentro del casino las transferían a un sujeto que cursaba la retirada total recibiendo un cheque y un certificado de la procedencia de los fondos. Durante un periodo de un año un sujeto fue señalado por el casino como beneficiario de 1,1 millón de USD (en *payouts*) pero no constaba en ningún certificado por el efectivo depositado (por hacer depósitos inferiores al límite).

- En España 3 sujetos extranjeros entraron de forma separada a un casino comprando fichas pagando con billetes de poco valor y las cambiaron de nuevo sin jugar tratando de obtener billetes de alto valor.

# D. Uso de las cuentas del casino y sus instalaciones

Muchos casinos ofrecen cuentas de depósito y cuentas de crédito, con menor control y procedimientos de *Due Diligence* con menos rigor que las cuentas de las entidades financieras. Los movimientos de cuentas entre las entidades financieras y los casinos, o entre las distintas cuentas entre casinos (cuentas holdings) pueden ser vulnerables al blanqueo de capitales.

- Algunos casinos permiten convertir en efectivo varios tipos de cheque, entre ellos los que son al portador, que en muchos casos provienen de actividades ilegales.

- Se hacen depósitos en la cuenta del casino mediante transferencias bancarias o cheques bancarios, y se extrae el efectivo con poca o nula actividad de juego.

- Los fondos recibidos del casino (*cashed out*) son almacenados en las cajas de seguridad o custodiados por el casino.

- Las *"foreign holding accounts"* (FHAs). Son cuentas que se mantienen en una jurisdicción por el casino, pero los fondos pueden ser usados para jugar en otra jurisdicción en la que el mismo grupo dispone de otro casino, evitando realizar una transferencia bancaria internacional. Por ejemplo, los fondos de una FHA en Macao pueden usarse en un casino en las Vegas. El dinero no abandona físicamente el país y no está sujeto a declaraciones de efectivo.

- Transferencias bancarias desde las casas de cambio a las cuentas de los casinos. Por ejemplo, en la costa de Estados Unidos desde California hasta Texas existen más de 1.000 casas de cambio, que generalmente no están registradas y no cumplen con la normativa de prevención de blanqueo de capitales.

- Existe un número de casinos que disponen de cajas de seguridad para grandes jugadores en las salas VIP. Ello presenta un riesgo de transparencia dado que posibilitan a terceras partes su acceso vía contraseña o llave para facilitar las transacciones financieras. Muy pocas jurisdicciones las regulan.

## Casuística histórica

- En Australia se llevó a cabo una investigación de un empleado de banca que jugó millones de AUD de cuentas de clientes del banco. El sujeto transfería dinero de cuentas de los clientes del banco a su propia cuenta personal y después los depositaba en su cuenta de casino haciendo uso de cheques a su nombre. El casino reportó la regularidad de estos depósitos de cheques y también apuestas regulares de 9.000 AUD (por debajo del límite de 10.000 AUD).

- En Australia, el director de una empresa que estaba en proceso de liquidación transfirió los fondos de la cuenta de empresa a una cuenta del casino donde los fondos se usaban para jugar y las "ganancias" se retiraban como efectivo.

- En Nueva York, un sujeto estafó a distintos compradores con una simulada venta de cigarrillos por importe de más de 100.000 USD. Su modus operandi era pedir a los compradores el pago por adelantado con un cheque del casino. El sujeto tenía un cómplice entre los empleados del casino, que depositaba el cheque en el casino, jugaba con un parte y el resto lo retiraba.

- En Japón una mafia convertía los beneficios de la actividad de usura (*loan-sharking*) de JPY a USD a través de múltiples cuentas con las que compraban fichas en un casino de Las Vegas, siempre sin superar el límite de 2.000 USD.

# E. Ganancias o pérdidas intencionadas.

- El método más sencillo es convertir los fondos jugados en el juego en certificados de ganancias. Una forma es utilizar las máquinas de juego (y cualquier otro juego de poco riesgo) para convertir los créditos (y la posible ganancia) en un cheque o certificado.

- En algunas jurisdicciones se obliga a los casinos a diferenciar los cheques resultantes de la retirada de créditos existentes de los resultantes de obtener ganancias.

- Otro método es la compra de las ganancias obtenidas por jugadores legítimamente por un precio superior. Esto se utiliza con jugadores que han ganado el bote en las tragaperras, han acumulado gran cantidad de fichas en el casino o han ganado en otro tipo de apuestas como las loterías electrónicas, las carreras de caballos y las competiciones deportivas.

- El supuesto de jugadores compinchados que apuestan a eventos cubriendo todas las apuestas (como el doble o nada apostando en la ruleta al color negro y al rojo o a par e impar) para que uno de los jugadores sea premiado y poder obtener un cheque o un certificado de ganancias.

## Casuística histórica

- En España se han identificado organizaciones que utilizaban los beneficios del tráfico de drogas, corrupción y evasión fiscal para comprar billetes de lotería premiados de jugadores legítimos.

- En Australia se identificaron compradores de ganancias de *jackpot* en distintos clubes de Sídney. Los sospechosos depositaron aproximadamente 1,7 millón de AUD en cheques durante el plazo de un año, que acto seguido retiraban en efectivo.

# F. Cambio de moneda.

Muchos casinos ofrecen el servicio de cambio de moneda para satisfacer la demanda de un turismo de juego. Muchos blanqueadores utilizan estos servicios para cambiar grandes sumas de dinero, que aparentemente no resultará sospechoso en aquellas jurisdicciones con alta afluencia de turistas. La finalidad es cambiar la forma original del dinero. Es común realizar los cambios usando técnicas de *structuring* para no alcanzar los límites de reporte. En algunas jurisdicciones incluso se pueden comprar fichas directamente en la moneda extranjera.

## Casuística histórica

- En España se identificaron personas que entraban separadamente en el casino para comprar fichas empleando francos suizos (CHF) con el propósito de retirar posteriormente los fondos en euros.

# G. Complicidad con los empleados y formación inadecuada del personal.

En muchos casos se ha detectado complicidad entre los empleados de diferentes departamentos del casino y los clientes para procurar el blanqueo de capitales. Algunos métodos incluyen:

- No reportar las transacciones sospechosas o el rebasamiento de límites.

- Destruir documentos relativos a la *due diligence* o informes de transacciones.

- Falsificar los porcentajes históricos de éxito del cliente para justificar la acumulación de fichas o créditos del cliente.

Algunas jurisdicciones han encontrado vulnerabilidades relativas a los proveedores de equipos y sistemas de juego con potencial de impactar en la integridad de las operaciones.

En las jurisdicciones más reguladas se requiere que la formación de los empleados sea certificada o incluso que el contenido de la formación sea aprobado por el regulador.

## Casuística histórica

- En Australia se investigó un ex empleado de un casino que adquirió una casa en cash. Se pensó que los fondos fueron proporcionados por su familia, dedicada a la venta de drogas. El sujeto fue capaz de enseñar un histórico de ganancias de un segundo casino que mostraba cómo en dos semanas pudo convertir 20.000 NZD en 400.000 NZD. Se sospechó que contaba con un cómplice en el segundo casino, pero esto fue algo que nunca se pudo probar.

- En Florida se utilizaban máquinas de juego para facilitar el blanqueo de capitales procedente de la droga. Los sujetos tenían cómplices entre los empleados del casino que conocían las puertas traseras del software que controlaba las máquinas y permitían el pago del *jackpot.*

- En Estados Unidos en 2007 fueron detenidos numerosos empleados de un casino que aceptaron 22 millones de USD en apuestas deportivas fuera del casino, incluyendo supervisores, dealers, camareros, etc.

- En las Vegas un *compliance officer* fue detenido por omitir 15.000 reportes entre 2001 y 2003. Él alegó que no los rellenaba porque tenía problemas personales y la importancia de rellenarlos nunca le fue explicada.

# H. Tarjetas de crédito y tarjetas de débito.

En muchas jurisdicciones se permite la compra de fichas mediante tarjetas de crédito o de débito. En los casos en que las tarjetas no son robadas u obtenidas fraudulentamente los balances de crédito son pagados por el titular de la tarjeta con fondos obtenidos ilícitamente. Las tarjetas de crédito dejan cierta huella, por lo que permiten a las autoridades hacer un seguimiento del dinero.

## Casuística histórica

- En Bélgica se detectó una persona que visitó en dos ocasiones el casino comprando fichas por valor de 400.000 euros pagados con efectivo y con tarjetas. Los movimientos fueron reportados por el casino y se descubrió que su cuenta bancaria había estado activa recibiendo muchos depósitos en efectivo y transferencias de distintas compañías. Se descubrió vinculación con el crimen organizado.

# I. Documentos falsos.

Con ellos los blanqueadores de capitales tratan de disfrazar el origen de los efectos del crimen, así como proteger su identidad.

## Casuística histórica

- En los Estados Unidos un sujeto perteneciente a una organización de tráfico de drogas utilizó terceros para comprarle fichas, recibiendo estos una retribución. Después de jugar, solicitaba la conversión en efectivo, pretendiendo justificar las fichas como ganancias de juego. De acuerdo a los históricos del cliente se detectaron discrepancias entre la compra y la retirada de fichas por importe de 313.000 USD. En muchos de los reportes se detectó que utilizaba un alias y distintos números de la seguridad social. En algunos casos se negó a proporcionar su número de la seguridad social.

A continuación, se enumeran una serie de conductas que deberían hacer saltar las sospechas de que uno de los riesgos anteriores se puede estar materializando para facilitar el blanqueo de capitales:

1. Insertar dinero en las máquinas de juego e inmediatamente después reclamar esos fondos como créditos.

2. Reclamar créditos o *payouts* de máquinas de juego sin *jackpot*.

3. Reclamar un alto nivel de *payouts* de las máquinas de juego.

4. Cambios notables en los patrones de gasto o apuesta.

5. Clientes frecuentemente insertando cantidades sustanciales de billetes en máquinas de juego que tienen altos porcentajes de retorno y no jugando la máxima apuesta para limitar las probabilidades de pérdidas o ganancias significativas y por tanto acumulando créditos con el mínimo juego.

6. Apuestas de dinero iguales o muy similares realizadas por un par de apostantes que cubren todas los resultados inciertos posibles (por ejemplo en la ruleta, punto y banca, los dados, etc.)

7. No se observa la intención o finalidad de ganar del cliente o ésta es secundaria.

8. Clientes en posesión de gran cantidad de billetes o monedas.

9. Clientes haciéndose amigos (o intentándolo) de los trabajadores del casino.

10. Compra de fichas y su posterior cambio sin apenas jugar.

11. Clientes que solicitan añadir efectivo a sus ganancias de casino y cambiar ambos por un solo cheque.

12. Variedad de cheques siendo solicitados o girados a cuenta.

13. Alto volumen de transacciones en un corto período de tiempo.

14. Solicitar varios *cash outs* el mismo día.

15. Structuring de fichas o cheques.

16. Venta de fichas por el mismo importe o similar a las que fueron compradas.

17. Solicitar transferencia de créditos a otros casinos.

18. Usar a terceros para la compra de fichas.

19. El cliente compra fichas y abandona el casino poco después.

20. La fecha del ticket o cupón es anterior a la fecha de la retirada.

21. Compra de número elevado de fichas.

22. Compra frecuente de certificados de regalo de casino.

23. Ingresos inexplicables de acuerdo con el perfil del cliente.

24. La actividad de juego es incoherente con el perfil del cliente.

25. Las supuestas ganancias no se corresponden con las ganancias conforme a los históricos del casino.

26. Detección de fichas que no han sido adquiridas en los mostradores.

27. Utilización de múltiples cuentas bajo múltiples nombres.

28. Depositar múltiples cantidades de efectivo y recibir múltiples retiradas de cheques en la misma cuenta.

29. Múltiples individuos enviando fondos a un beneficiario.

30. Cheque emitido a nombre de un familiar de la persona

31. Transferir fondos a una cuenta de una tercera parte.

32. Transacciones en la cuenta de casino llevadas a cabo por personas distintas al titular.

33. Uso de terceras partes para llevar a cabo *structuring* de depósitos y transferencias bancarias.

34. Usar terceras partes para comprar fichas de casino o para hacer apuestas (en ocasiones pueden ser contables o abogados del cliente).

35. Tras la retirada de efectivo se le entrega a una tercera parte.

36. Cambiar grandes cantidades de monedas no procedentes del juego en billetes.

37. Frecuentes apuestas, compras o retiradas justo por debajo del límite.

38. Solicitar las ganancias separadas en efectivo y fichas (o/y en cheques) por debajo del límite.

39. Realizar transacciones por debajo del límite de reporte en distintos cambios de turnos.

40. El cliente cambia de mesa o de salón antes de llegar al límite de reporte.

41. Abrir una cuenta y comprar fichas de casino con billetes pequeños.

42. El cliente juega con una gran cantidad de billetes pequeños.

43. Frecuentes retiradas sin las correspondientes compras o viceversa.

44. Insertar billetes en las máquinas de juego sin jugar para a continuación realizar una retirada obteniendo un ticket que es canjeado en el mostrador.

45. Utilizar cheques de distintas instituciones financieras para comprar cuando la cantidad de cada cheque es inferior al límite de reporte.

46. El uso del mostrador de la caja para cambiar monedas o pequeños billetes en grandes billetes.

47. Usar la cuenta del casino como si fuera una cuenta bancaria de ahorros.

48. Transferencias desde cuentas de empresa a cuentas del casino.

49. Uso de identidades falsas o identidades robadas.

50. El nombre de la cuenta del casino y del cliente no concuerdan

51. Solicitud de cuentas de casino por parte de personas de responsabilidad pública.

52. Múltiples cambios de monedas.

53. Cambios de moneda aparentemente sin motivo razonable.

54. Cambios de billetes pequeños por billetes grandes.

55. Compras realizadas en una moneda extranjera.

56. Un empleado no reporta debidamente una actividad sospechosa.

57. Un empleado destruye documentos o reporte de transacciones.

58. Un empleado falsifica el histórico de juego del cliente.

59. Hay contacto entre empleados y clientes fuera del casino.

60. Utilización de una tarjeta bancaria robada o fraudulenta.

61. Utilización de múltiples tarjetas bancarias para comprar fichas.

62. Incidencias a la hora de realizar correctamente y de forma completa el proceso de *due diligence* (como obtención de negativas a proveer algún dato).

## J. Los llamados "*Junkets*" o tours de juego.

Los *Junkets* se derivan de las campañas de marketing del casino, y básicamente son un grupo organizado de personas que viajan a un casino o a varios para jugar. El paquete puede incluir transporte, acomodación, incentivos para jugar al casino, etc. Los *junkets* pueden ser parte del departamento de marketing del casino o pueden ser operadores independientes al casino. Los *Junkets* son comunes en América, Caribe y Asia, al igual que es difícil verlos en los casinos de Europa (salvo por el caso de Malta).

Cuando es un operador independiente puede recibir una comisión del casino (ya sea una cantidad fija o una comisión o porcentaje sobre las fichas, las pérdidas de los clientes o las ganancias teóricas del casino).

La vulnerabilidad que han puesto en relieve los *junkets* viene determinada por mover una gran cantidad de dinero entre distintas fronteras y varios casinos, confiando estos movimientos a terceros (los organizadores de los *junkets*). Ello facilita unas capas de oscuridad acerca de la fuente y la titularidad de los fondos, así como la identidad de los jugadores. Piénsese que en algunas jurisdicciones el *junket* actúa como un *pool*, es decir, recibe todos los fondos y realiza la compra de todas las fichas, por lo que además el casino no puede determinar los patrones de gasto y juego. La posibilidad de blanqueo se hace más fácil si el organizador es cómplice del mismo.

En algunas jurisdicciones están regulados, como en Estados Unidos (incluso algunos Estados requieren registro), en cambio en otros como Macao (China) apenas lo están.

En algunos casos, para el control de las fichas, y debido a que el promotor es pagado con una comisión sobre ellas, se provee al *junket* con *"dead chips"* ("fichas muertas") que vienen a ser fichas no negociables directamente con el casino (por ejemplo, para convertirlas en cash) y que solo el promotor puede negociar. Estás *dead chips* han dado lugar a muchos casos en los que su uso ha sido utilizado por criminales para realizar transacciones relacionadas con el tráfico de drogas.

## Casuística histórica

- En Australia un operador *junkets* llevaba millones en ingresos a un casino. Todos los fondos de los clientes iban a una cuenta del operador para que se pudiera calcular la comisión que recibía el operador por el grupo. De esta forma el casino evitaba la necesidad de conocer la fuente y beneficiarios de los fondos. No fue hasta que el tour operador empezó a robar de las ganancias de los clientes hasta que esta situación fue conocida por las autoridades.

# K. Salones vip y *"high-roller customer"*(clientes vip).

Los clientes vip son jugadores que juegan en salones privados y exclusivos dentro del complejo del casino y que reciben un tratamiento especial por el mismo. El problema es que este tipo de clientes hacen de forma normal un depósito elevado de fondos y utilizan gran cantidad del efectivo, y por tanto es percibido por los empleados también de forma normal. También se le suelen ofrecer ciertas facilidades financieras por parte del casino, el cual puede no contar con los controles estrictos de prevención de blanqueo de capitales con que cuentan las instituciones financieras.

Un estudio canadiense de 2007 establecía que el 80% de los ingresos del casino provenían de los clientes vip. Otro estudio en Macao revelaba que los clientes vip suponían unos ingresos de entre 50% y 70% del casino.

## Casuística histórica

- En Australia una figura del crimen organizado asiático se convirtió en cliente VIP de un casino australiano. El sujeto dirigía una red de tráfico de heroína desde una habitación suite del hotel y usaba sus actividades en el juego para enmascarar la procedencia de sus beneficios. Gastaba tal cantidad de dinero en el casino que durante un periodo de dos años recibió incentivos del casino por importe de 2,5 millones de AUD. Hasta que no fue investigado por una agencia del Estado el casino no prestó mayor atención a sus transacciones.

- En Estados Unidos un sujeto gastó en un casino de Las Vegas un millón de USD en un período de cuatro años. En los siguientes tres años sus pérdidas ascendieron a 125 millones de USD. El casino operó transferencias desde sus cuentas corporativas al Casino. El casino llegó a ofrecer al cliente una línea de crédito de 10 millones de USD además de obsequiarlo con suites, coches, jets, etc. El casino no hizo ningún reporte en cuanto a la verificación de sus fondos. Una fuente de información abierta dejaba ver que el sujeto no tenía ingresos en las empresas que ostentaba suficientes como para soportar sus pérdidas de juego.

## L. Las jurisdicciones emergentes para los casinos.

Los nuevos mercados de casinos resultan vulnerables para el blanqueo de capitales, particularmente en Asia, Oceanía y África, donde los casinos están desarrollándose rápidamente. Algunas de estas jurisdicciones tienen economías basadas en el efectivo, pobre tejido político y una débil o limitada capacidad para evitar el blanqueo de capitales.

## M. El juego en altamar

El juego en altamar o casinos flotantes supone el desarrollo del juego en aguas internacionales, con las consiguientes problemáticas de regulación, ya que en algunas jurisdicciones no están regulados (en otras están prohibidos), y problemas de determinación de la ley aplicable. Por ejemplo, en Estados Unidos se aplica la ley de donde el barco está registrado. Ello plantea un problema a nivel de derecho internacional. En cualquier caso, supone una vulnerabilidad para el blanqueo de capitales.

## Conclusiones del informe

El informe del GAFI concluyó que para poder hacer una adecuada prevención del blanqueo de capitales y financiación del terrorismo se requiere que a lo largo del sector se implementen una serie de medidas:

- Endurecimiento de la regulación de prevención de blanqueo de capitales.

- Mejora de control y formación de los empleados.

- Implementación de herramientas de tipo regulatorio.

- Implementación de medidas de *due diligence*.

- Aplicación de las medidas de prevención de blanqueo también cuando las operaciones sean transnacionales entre el casino y sus empresas del grupo que tengan lugar en distintas jurisdicciones.

- Mayor control a las cuentas holdings de casinos.

- Mayor control a los operadores *junkets* y a sus agentes.

- Mayor control sobre los salones VIP y sus instalaciones.

- Mayor control sobre los casinos que solo permiten la entrada a extranjeros (sobre los que hay una falsa y menor percepción de riesgo).

- Mayor control sobre el juego en aguas internacionales.

- Mayor control sobre los proveedores de sistemas y equipos más relevantes.

- Mayor coordinación entre organismos implicados con el casino (policía, justicia, comisión del juego, etc.).

- Mejorar la cultura de *compliance* de los casinos.

- Mejorar las unidades de investigación e inteligencia y dotarlas de conocimiento y recursos más especializados.

- Crear lazos de colaboración internacional.

# La directiva de Prevención de Blanqueo de Capitales y la regulación española

En cuanto a las directivas europeas se recuerda que son vinculantes para los Estados miembros en lo relativo a los resultados que deben conseguirse, pero dejan a cada Estado libertad de decisión sobre la forma y medios para alcanzarlos. En este sentido, las directivas europeas no tienen efecto directo, es decir, no son directamente aplicables, sino que requieren de su transposición nacional a cada uno de los Estados miembros, por lo que cada uno diseñará su propia política criminal para llegar a la meta que marcan las disposiciones comunitarias. Por ende, aunque no existe una armonización total de la prevención de blanqueo de capitales en Europa, si existen distintas normativas estatales que parten de las bases establecidas por distintas directivas europeas.

De este modo, a nivel europeo, nos encontramos con dos respuestas legales que coexisten ante el blanqueo de capitales, de las cuales nos vamos a centrar en la segunda:

De carácter penal. La Directiva (UE) 2018/1673 del Parlamento Europeo y del Consejo de 23 de octubre de 2018 relativa a la lucha contra el blanqueo de capitales mediante el Derecho Penal, que tiene su reflejo en el ordenamiento jurídico español en los artículos 301 a 304 del Código Penal.

De carácter administrativo, a través de una sucesión de directivas. La primera directiva fue la Directiva 91/308/CEE del Consejo, de 10 de junio de 1991, relativa a la prevención de la utilización del sistema financiero para el blanqueo de capitales. A esta le siguió la Directiva 2001/97/CE del Parlamento Europeo y del Consejo, de 4 de diciembre de 2001, por la que se modifica la Directiva 91/308/CEE del Consejo relativa a la prevención de la utilización del sistema financiero para el blanqueo de capitales, que principalmente amplió el ámbito de aplicación de la primera directiva, tanto desde el punto de vista de los delitos cubiertos como de las profesiones y actividades reguladas. La tercera directiva es la Directiva 2005/60/CE del Parlamento Europeo y del Consejo, de 26 de octubre de 2005, relativa a la prevención de la utilización del sistema financiero para el blanqueo de capitales y para la financiación del terrorismo, que surge como respuesta a que el GAFI revisara en 2003 sus recomendaciones. La siguiente actualización (cuarta directiva) es la Directiva (UE) 2015/849 del Parlamento y del Consejo, de 20 de mayo de 2015.

Hasta aquí las directivas han dado lugar a nivel de Derecho interno en España a la Ley 10/2010, de 28 de abril, de prevención del blanqueo de capitales de financiación del terrorismo, que es desarrollada por el Real Decreto 304/2014, de 5 de mayo, por el que se aprueba el Reglamento de la Ley 10/2010, de 28 de abril, de prevención del blanqueo de capitales y de la financiación del terrorismo.

El 28 de mayo de 2018 fue publicada la Directiva (UE) 2018/843 del Parlamento Europeo y del Consejo, de 30 de mayo de 2018, por la que se modifica la Directiva (UE) 2015/849 relativa a la prevención de la utilización del sistema financiero para el blanqueo de capitales o la financiación del terrorismo, y por la que se modifican las Directivas 2009/138/CE y 2013/36/UE. Esta sería la quinta directiva de prevención de blanqueo de capitales y financiación del terrorismo, que viene más bien a matizar o enmendar parte de la directiva anterior más que a crear una nueva norma desvinculada de su predecesora.

En particular esta quinta directiva viene hacer las siguientes inclusiones o modificaciones:

- La regulación de las monedas virtuales o criptomonedas.

- La regulación de las tarjetas prepago.

- La mejora de los mecanismos de seguridad de las transacciones financieras y de los países de alto riesgo.

Cómo respuesta a esta quinta directiva ya se está trabajando en el anteproyecto[31] de modificación de la actual Ley 10/2010, de 28 de abril de prevención del blanqueo de capitales y financiación de terrorismo, que supondrá, una vez publicada en el BOE la incorporación a la ley de las siguientes novedades:

- Se contemplan nuevos sujetos obligados. Entre otros se incluyen los proveedores de servicios con monedas virtuales. Ahora estos proveedores que presten servicios a residentes españoles deberán registrarse en el Banco de España (aunque territorialmente no se encuentren en España).

- Se crea la obligación de mantener los datos de titularidad real propios para las personas jurídicas y los *trusts* o estructuras

---

[31] Anteproyecto de ley:
https://www.mineco.gob.es/stfls/mineco/ministerio/participacion_publica/audiencia/ficheros/ECO_TES_20200612_AP_V_Directiv_Blanqueo.pdf

análogas, creando un registro único de titularidad real de personas jurídicas y *trusts* en el Ministerio de Justicia.

- Se modifica el régimen aplicable a las personas de responsabilidad pública (PEPs) ampliando el concepto a fin de cubrir a la alta dirección de partidos políticos con representación en Comunidades Autónomas y de partidos políticos con representación en entidades locales de más de 50.000 habitantes (o capitales de provincia o Comunidades Autónomas), y rebajando de 3 a 2 los años de diligencia reforzada que habrá de tenerse después de los ceses de estas personas en su cargo.

- Se reconoce la posibilidad de establecer sistemas *know your client* (KYC) comunes para compartir la información de diligencia debida de los clientes para reducir el número de veces que los sujetos deben aportar su información y reducir los costes asociados para los sujetos obligados.

- Las entidades de pago y entidades de dinero electrónico deberán comunicar también las cuentas de pago de sus clientes.

No obstante, lo anterior, la Comisión Europea ha anunciado que está trabajando en una propuesta de reglamento para armonizar algunos aspectos de la normativa, por lo que una vez aprobado dicho reglamento, en tanto que tiene efecto directo, modificara algunas de las normas españolas actuales, que deberán adaptarse al mismo, como ya ocurrió con el Reglamento General de Protección de Datos modificando cada una de las normativas nacionales vigentes en ese momento.

Dentro de este galimatías jurídico vamos a proceder al estudio de la normativa vigente actual con referencias al anteproyecto anunciado y haciendo especial hincapié a los preceptos que tienen mayor incidencia en los operadores de juego, dejando fuera otros preceptos de menor interés partera este sector. El panorama normativo actual sería:

- Ley 10/2010, de 28 de abril, de prevención del blanqueo de capitales de financiación del terrorismo.

- Real Decreto 304/2014, de 5 de mayo, por el que se aprueba el Reglamento de la Ley 10/2010, de 28 de abril, de prevención del blanqueo de capitales y de la financiación del terrorismo

- Reglamento Delegado (UE) 2016/1675 de la Comisión, de 14 de julio de 2016, por el que se completa la Directiva (UE) 2015/849 del Parlamento Europeo y del Consejo identificando los terceros países de alto riesgo con deficiencias estratégicas.

# Obligaciones legales en materia de prevención de blanqueo de capitales y financiación del terrorismo

La Ley 10/2010 estableció un enfoque basado en el riesgo (*risk-based approach*) consistente en exigir distintas medidas y controles respecto de actividades o clientes que comporten un riesgo distinto. Esta ley precisamente amplía los sujetos obligados por esta normativa a aquellos que no desarrollan una actividad propiamente financiera como es el caso, entre otros de:

- Los casinos de juego.

- Las personas responsables de la gestión, explotación y comercialización de loterías u otros juegos de azar presenciales o por medios electrónicos, informáticos, telemáticos e interactivos. En el caso de loterías, apuestas mutuas deportivo-benéficas, concursos, bingos y máquinas recreativas tipo "B" únicamente respecto de las operaciones de pago de premios.

- Las personas que ejerzan profesionalmente actividades de cambio de moneda.

Las obligaciones que impone la ley (al menos las relativas al sector del juego) son las siguientes:

1. Aplicar medidas de diligencia debida (*due diligence*).

2. Examinar de forma especial determinadas operaciones.

3. Declarar el origen y destino de ciertos medios de pago al portador.

4. Colaborar con el SEPBLAC y comunicar determinadas operaciones.

5. Conservar los documentos y registros correspondientes.

6. Adoptar medidas de control interno.

7. No revelar información reservada, instruir a su personal en la materia y procurar la protección e idoneidad de empleados, directivos y agentes.

Pasamos a analizarlas con más detalle:

# 1.Aplicar medidas de diligencia debida (*due diligence*).

Se recogen las obligaciones de identificación del cliente y averiguación de la naturaleza de sus actividades profesionales o empresariales, junto con medidas de seguimiento de la relación de negocio. Estas medidas también aplican a los *trust* y otros instrumentos jurídicos o masas patrimoniales que puedan actuar en el tráfico jurídico pese a carecer de personalidad jurídica.

Se contempla una clasificación de *due diligence* en 3 tipos, dependiendo de los riesgos, para adaptar las obligaciones a los riesgos que enfrentan:

## Medidas simplificadas de diligencia debida.

Cómo es evidente, relajan relativamente las obligaciones del sujeto obligado. Solo se pueden aplicar para determinados tipos de clientes y en relación con determinadas operaciones de negocio de menor riesgo, entre las cuales no se encuentran las que se refieren al juego, y por tanto no vamos a detallarlas.

## Medidas normales de diligencia debida.

Dentro de que es obligatorio aplicar estas medidas, se pueden dar distintos tipos de grados que dependerán del riesgo y tipo de cliente y la relación de negocios que se mantenga. Estos criterios deberán quedar por escrito en la política de admisión de clientes. Sin perjuicio de que los sujetos obligados son responsables, estas medidas pueden ser aplicadas por terceros distintos al sujeto obligado (externalización del servicio) sólo si también estás sometidos a la Ley de Prevención de Blanqueo de Capitales, y también las organizaciones y federaciones de estos sujetos, debiendo quedar constancia por escrito de este contrato y siempre que estos terceros no estén domiciliados en países con deficiencias identificadas por Decisión de la Comisión Europea.

A. Identificación formal del cliente

Para el sector del juego hay que tener en cuenta que el artículo 21 del Reglamento 304/2014 de 5 de mayo de 2014 expresamente establece que los criterios para la acreditación de la identidad del cliente en relación con los sujetos obligados sometidos a la LRJ y su normativa de desarrollo, se determinarán en el proceso de concesión de licencias generales de la DGOJ, previo informe favorable del SEPBLAC.

Con carácter previo al establecimiento de relaciones de negocio o a la ejecución de cualesquiera operaciones ocasionales cuyo importe sea igual o superior a 1.000 euros (seguidamente vemos la especialidad que aplica en el juego), los sujetos obligados deben exigir, con carácter general, la presentación de los documentos que se relacionan a continuación para comprobar la identidad del cliente:

- Personas físicas:

  De nacionalidad española: DNI

  De nacionalidad extranjera: tarjeta de residencia, tarjeta de identidad de extranjero, pasaporte, o en caso de ciudadanos de la UE o EEE, el documento, carta o tarjeta oficial de identidad personal expedido por las autoridades de origen.

Excepcionalmente se pueden aceptar otros documentos de identidad personal expedidos por una autoridad gubernamental, siempre que gocen de garantías adecuadas de autenticidad e incorporen fotografía.

- Personas jurídicas:

  Documentos públicos que acrediten su existencia e incluyan su denominación social, forma jurídica, domicilio, identidad de sus administradores, estatutos y número de identificación fiscal. Para las personas jurídicas españolas es admisible certificación del registro mercantil correspondiente. La vigencia de los datos consignados en la documentación se debe acreditar mediante declaración responsable.

  Para los representantes legales o voluntarios (tanto de personas físicas como jurídicas) debe comprobarse la identidad de la persona representante y la persona representada (mediante el documento de identidad de ambos). También debe solicitarse copia del documento acreditativo de los poderes (es válida la certificación del Registro Mercantil).

- Entidades sin personalidad jurídica:

  Debe procederse a la identificación de todos los partícipes. En el caso de que la entidad ejerza actividad económica (como puede ocurrir con los fideicomisos anglosajones *trusts* o instrumentos análogos), debe requerirse el documento de constitución y procederse a la identificación y comprobación de la identidad de la persona que actúa por cuenta de los beneficiarios o de acuerdo con los términos de dicho instrumento jurídico.

B. Identificación del titular real

También con carácter previo, se debe:

Recabar información del cliente para dilucidar si actúa por cuenta propia o por cuenta de terceros, en cuyo caso habrá que recabar información de la identidad de los terceros.

Determinar el beneficiario último de las operaciones realizadas. Determinar su estructura accionarial o de control de las personas jurídicas o entidades sin personalidad, fideicomisos o instrumentos jurídicos. Sin esta información no se pueden establecer relaciones de negocio.

Identificar al titular real y adoptar las medidas oportunas para conocer su identidad. Se entiende por titular real:

- o Las personas físicas por cuenta de las cuales se pretenda establecer una relación de negocios.
- o Las personas físicas que en último término posean o controlen, directa o

indirectamente, un porcentaje superior al 25% del capital o los derechos de voto, o que por otros medios ejerzan control, directo o indirecto sobre la persona jurídica.

o Los fideicomitentes, fiduciarios, protector (en caso de haberlo), beneficiarios y cualquier otra persona que ejerza control directo o indirecto, en el caso de los trust anglosajones o "*treuhand*" alemanes.

o Las personas que posean o controlen el 25% o más de los derechos de voto del patronato, en el caso de las fundaciones. Si no hay personas que cumplan este criterio lo serán los miembros del patronato de la fundación.

o Las personas que posean o controlen el 25% o más de los derechos de voto del órgano de representación de las asociaciones. Si no hay personas que cumplan este criterio lo serán los miembros del órgano de representación o Junta directiva de la asociación.

Cuando no exista persona física que posea o controle, directa o indirectamente un porcentaje igual o superior al 25% del capital o los derechos de voto de la persona jurídica o que por otros medios ejerza control de la misma, se considera, salvo prueba en contrario que dicho control es ejercido por el administrador o administradores. Si a su vez, este o estos son otra persona jurídica se entenderá que el control es ejercido por la persona física designada por el administrador o administradores de la persona jurídica.

Hay que tener en cuenta que el anteproyecto de ley que está por entrar en vigor prevé la creación de un Registro de Titularidades Reales, gestionado por el Ministerio de Justicia, que será accesible por los sujetos obligados.

## C. Averiguación del propósito de la relación de negocios.

Conocer la naturaleza de su actividad empresarial o profesional, verificando razonablemente la veracidad las actividades declaradas por el cliente. La comprobación debe realizarse solicitando documentación al cliente u obteniéndola de fuentes fiables independientes, y se puede realizar también mediante visitas presenciales a los lugares donde el cliente ejerce su actividad, dejando constancia por escrito del resultado. En todo caso se exige comprobar la actividad declarada cuando concurran circunstancias que determinan la realización del examen especial.

## D. El seguimiento continuo de la relación de negocios

Se trata de medidas de seguimiento continuo a la relación de negocios, incluyendo la vigilancia de las operaciones efectuadas. La finalidad es garantizar que la relación de negocios coincide con el conocimiento que se tiene del cliente, su perfil empresarial y de riesgo.

Especialidades de la Due Diligence en el sector del juego.

En el sector del juego existen especialidades del proceso de *due diligence*. En particular:

Los casinos llevarán a cabo la identificación formal de las personas cuando:

- Pretendan acceder al establecimiento.

- Reciban cheques como consecuencia del cambio de fichas.

- Procedan a la transferencia de fondos.

- Les sean expedidas certificaciones acreditativas de las ganancias obtenidas.

Los operadores de juego a través de medios electrónicos, informáticos, telemáticos e interactivos llevarán a cabo la identificación formal de las personas que pretendan participar en estos juegos o apuestas.

Excepcionalmente la DGJO puede autorizar, tras una petición motivada basada en criterios de proporcionalidad, la comercialización y desarrollo de juegos sin previa identificación. No obstante, la identificación y comprobación de que no está incurso en una de las prohibiciones subjetivas será imprescindible para el cobro de premios.

La identificación se realizará a través de un registro de usuario activo único, en la que al menos figurarán los datos de identificación necesarios para comprobar si incurre en una de las prohibiciones subjetivas[32]. También se recogerán los datos de identificación fiscal y de residencia del participante, y aquellos otros que permitan la realización de las transferencias económicas.

El operador establecerá procedimientos y mecanismos para garantizar que un mismo jugador no dispone de varios registros de usuario activos.

El operador deberá verificar la identidad de los participantes residentes españoles en tiempo real y cuando no sea posible en un plazo máximo de 3 días, y verificar la identidad de los no residentes en el plazo máximo de un mes desde la activación del registro de usuario, siendo condición sine qua non para el cobro de los premios.  En ambos casos, transcurrido un mes desde la solicitud de registro sin que los datos hubieran sido verificados se producirá la anulación del registro.

El operador podrá suspender los registros de usuario que permanezcan inactivos durante más de dos años ininterrumpidamente, Transcurridos 4 años desde la suspensión, el operador cancelará el registro de usuario inactivo.

---

[32] El operador verificará que los usuarios no son menores de edad y que no figuran inscritos en el Registro General de Interdicciones de Acceso al Juego ni en el Registro General de Personas Vinculadas a Operadores de Juego.

Tanto los casinos como los operadores de juego online sólo aplicarán el resto de las medidas del proceso de *Due Diligence* cuando el cliente efectúe transacciones por un valor igual o superior a **2.000 euros** en una operación o en varias entre las que exista algún tipo de relación, ya sea en el momento del cobro de ganancias o en la compra o venta de fichas de juego.

Los sujetos obligados que gestionen, exploten o comercialicen loterías u otros juegos de azar llevarán a cabo la identificación formal de las personas ganadoras de premios por importe igual o superior a 2.500 euros.

## Medidas reforzadas de diligencia debida.

Se aplicarán cuando debido al área de negocio, actividades, productos, servicios, canales de distribución o comercialización, relaciones de negocio y operaciones se presente un riesgo más elevado de blanqueo de capitales y financiación del terrorismo.

En los supuestos descritos más abajo existe obligación de aplicar una o varias de las siguientes medidas con carácter adicional a las medidas normales de diligencia debida:

- Actualizar los datos obtenidos en el proceso de *onboarding* del cliente.

- Obtener documentación o información adicional sobre el origen de los fondos, patrimonio del cliente y el propósito de las operaciones.

- Obtener autorización directiva para establecer o mantener relación de negocios.

- Reforzar el seguimiento de la relación de negocios, incrementando el número y frecuencia de los controles.

- Examinar y documentar la lógica y coherencia de las operaciones de la relación de negocio con la información y documentación disponible del cliente.

- Exigir que los pagos e ingresos se realicen en una cuenta a nombre de la cliente abierta en una entidad financiera domiciliada en UE o en terceros países equivalentes.

- Limitar la naturaleza o cuantía de las operaciones o los medios de pago empleados.

Los supuestos de aplicación de las medidas reforzadas son:

- <u>Relaciones de negocio y operaciones no presenciales.</u> Además de establecer las políticas y procedimientos para afrontar los riesgos específicos asociados a las relaciones de negocio no presenciales, debe cumplirse uno de los siguientes requisitos:

  - La identidad del cliente queda acreditada mediante firma electrónica.

  - La identidad del cliente queda acreditada mediante copia de documento de identidad expedida por fedatario público.

  - El primer ingreso debe proceder de una cuenta a nombre del cliente abierta en una entidad domiciliada en la Unión Europea o en países terceros equivalentes.

- La identidad del cliente queda acreditada mediante empleo de otros procedimientos seguros autorizados por el SEPBLAC:

  - A partir del 1/3/2016 puede recurrirse al procedimiento de identificación no presencial mediante conferencia aprobado por el SEPBLAC el 12/2/2016.
  - A partir del 1/6/2017 puede recurrirse al procedimiento de video identificación aprobado por el SEPBLAC el 11/5/2017.
  - A partir del 1/6/2015 puede recurrirse al procedimiento de solicitud de confirmación de datos sobre titularidad de cuentas entre entidades del Sistema Nacional de Compensación electrónica aprobado por el SEPBLAC el 22/5/2015.

  EL 6/3/2020 el GAFI publicó una guía que analiza los requisitos para el uso de los sistemas de identificación digital al aplicar las medidas de *due diligence*.

El artículo 21.2 del Reglamento establece que *"Los criterios para la acreditación de la identidad del cliente en relación con los sujetos obligados sometidos a la Ley 13/2011, de 27 de mayo, de regulación del juego, y en su normativa de desarrollo, se determinarán en el proceso de concesión de licencias generales por la Dirección General de Ordenación del Juego, previo informe favorable del Servicio Ejecutivo de la Comisión".* A este respecto nos remitimos a lo ya indicado anteriormente.

o Corresponsalía bancaria transfronteriza.

o Personas con Responsabilidad Pública (En inglés Politically Exposed Persons, PEP) y sus familiares y allegados. Son las siguientes:

- Aquellas que desempeñen o hayan desempeñado funciones públicas importantes, tales como los jefes de Estado, jefes de Gobierno, ministros u otros miembros de Gobierno, secretarios de Estado o subsecretarios;

- Parlamentarios;

- Magistrados de tribunales supremos, tribunales constitucionales u otras altas instancias judiciales cuyas decisiones no admitan normalmente recurso salvo circunstancias excepcionales, incluyendo a miembros equivalentes del Ministerio Fiscal;

- Miembros de tribunales de cuentas o consejos de bancos centrales;

- Embajadores;

- Alto personal militar de las Fuerzas Armadas.

- Los miembros de los órganos de administración, de gestión o supervisión de empresas de titularidad pública;

- Los directores, directores adjuntos o miembros del consejo de administración, o función equivalente, de una organización internacional.

- Los cargos de alta dirección de partidos políticos con representación parlamentaria.

- Las personas distintas de las anteriores que sean alto cargo según la ley 3/2015 reguladora del ejercicio de altos cargos de la Administración General del Estado;

- Las personas que desempeñen o hayan desempeñado funciones públicas importantes en el ámbito autonómico español, como los Presidentes y los Consejeros y demás miembros de los Consejos de Gobierno así como a los cargos equivalentes a los descritos en la Ley 3/2015 (a nivel autonómico) y los diputados autonómicos.

- Los alcaldes, concejales y las personas equivalentes a las descritas en la Ley 3/2015 de los municipios de capitales de provincia o de Comunidad Autónoma y de las Entidades Locales con más de 50.000 habitantes.

- Los cargos de alta dirección en organizaciones sindicales o empresariales españolas.

Debe tenerse en cuenta que no es obligatoria la consideración del PEP como tal tras dos años sin desempeñar su función pública.

Deben de aplicarse las mismas medidas reforzadas a los familiares y allegados. Se entiende por familiar al cónyuge o persona ligada de forma estable por análoga relación de afectividad, así como padres e hijos y los cónyuges o personas ligadas a los hijos de forma estable por análoga relación de afectividad.

Se entiende por allegado a toda persona física de la que sea notorio que ostente la titularidad o el control de un instrumento o persona jurídicos con una persona de responsabilidad pública o que mantenga otro tipo de relaciones empresariales estrechas con la misma, o que ostente la titularidad o el control de un instrumento o persona jurídicos que notoriamente se haya constituido en beneficio de la misma.

Las medidas reforzadas que deben aplicarse para las PEP, además de las normales, son las siguientes:

- Aplicar procedimientos adecuados de gestión del riesgo para determinar si el interviniente o el titular es una PEP, debiendo incluirse dichos procedimientos en la política expresa de *onboarding* de clientes.
- Obtener autorización al menos del inmediato nivel directivo para establecer o mantener relaciones de negocios con una PEP, que debe tener conocimiento suficiente del nivel de exposición del sujeto obligado al riesgo.
- Adoptar medidas adecuadas para determinar el origen del patrimonio y de los fondos.
- Llevar a cabo un seguimiento reforzado y permanente de la relación de negocios.

o <u>Productos u operaciones propicias al anonimato y nuevos desarrollos tecnológicos.</u>

Los sujetos obligados deberán prestar especial atención a todo riesgo de blanqueo de capitales o de financiación del terrorismo que pueda derivarse de productos u operaciones propicias al anonimato o de nuevos desarrollos tecnológicos, adoptando medidas adecuadas para su prevención. A este respecto se efectuará un análisis específico de los posibles riesgos que deberá documentarse y estar a disposición de las autoridades competentes.

o <u>Conforme al análisis de riesgo del sujeto obligado.</u>

Queda por tanto la lista abierta a supuestos no contemplados que conforme al análisis de riesgo del obligado supongan un riesgo superior. A tales efectos, se considerarán los siguientes factores:

- Características del cliente:
    o Clientes no residentes en España.
    o Sociedades cuya estructura accionarial y de control no sea transparente o resulte inusual o excesivamente compleja.
    o Sociedades de mera tenencia de activos.

- Características de la operación, relación de negocios o canal de distribución.
    o Relaciones de negocio y operaciones en circunstancias inusuales.
    o Relaciones de negocio y operaciones con clientes que empleen habitualmente medios de pago al portador.
    o Relaciones de negocio y operaciones ejecutadas a través de intermediarios.

o Supuestos concretos "ex lege" contemplados en el artículo 19.2 del Reglamento:

Aquí se incluyen un grupo de supuestos por mandato legal que no vamos a detallar al no afectarnos para nuestro estudio. Tan solo vamos a referirnos a las relaciones de negocio con clientes de países, territorios o jurisdicciones de riesgo o que supongan transferencia de fondos de o hacia tales países, territorios o jurisdicciones, incluyendo en todo caso aquellos para los que el Grupo de Acción Financiera exija medidas de diligencia reforzada.

Por su importancia en relación con el día a día del equipo de *due diligence* vemos interesante desmenuzar las jurisdicciones consideradas de riesgo.

El artículo 22 del Reglamento establece que los sujetos obligados considerarán como países, territorios o jurisdicciones de riesgo los siguientes:

A. Los que no cuenten con sistemas adecuados de prevención de blanqueo de capitales y financiación del terrorismo (Jurisdicciones no cooperadoras).

B. Los sujetos a sanciones, embargos o medidas análogas aprobadas por la Unión Europea, Las Naciones Unidas u otras organizaciones internacionales[33].

---

[33] Ver https://eeas.europa.eu/archives/docs/cfsp/sanctions/docs/measures_en.pdf

C. Los que presenten niveles significativos de corrupción u otras actividades mercantiles. A este respecto es de interés la Convención de las Naciones Unidas contra la Corrupción (UNCAC)[34], la OCDE[35], el World Economic Forum[36], que publica anualmente el Informe Global de Competitividad de los países, en el que se incide en su grado de corrupción, y Transparencia Internacional[37], que anualmente publica un índice sobre percepción de la corrupción de los diferentes países del mundo.

D. Los que faciliten financiación y apoyo a actividades terroristas. Aunque algunos países han elaborado estas listas no existe un listado a nivel internacional, por lo que remitimos a lo descrito en el punto B anterior.

E. Los que presenten un sector financiero extraterritorial significativo (centros "off-shore"). No existe en España ningún listado de este tipo, pero puede consultarse en informe del Financial Stability Board[38].

F. Los que tengan la consideración de paraísos fiscales.

Para esta determinación los sujetos obligados deben recurrir a fuentes fiables, como:

---

[34] Ver https://www.unodc.org/unodc/en/treaties/CAC/ y http://www.unodc.org/unodc/en/treaties/CAC/country-profile/index.html

[35] Ver http://www.oecd.org/daf/anti-bribery/ y http://www.oecd.org/daf/anti-bribery/countryreportsontheimplementationoftheoecdanti- briberyconvention.htm

[36] Ver http://reports.weforum.org/global-competitiveness-report-2014-2015/rankings/

[37] http://www.transparency.org/

[38] http://www.financialstabilityboard.org/publications/r_0004b.pdf

a) las listas de países no cooperadores periódicamente emitidas por GAFI[39]

b) los Informes de Evaluación Mutua del GAFI o sus equivalentes regionales (GAFILAT, GAFIC, MENAFATF, MONEYVAL y demás instituciones plurinacionales).

c) los informes de otros organismos o instituciones internacionales (Banco Mundial, Fondo Monetario Internacional, OCDE, Banco Europeo de Inversiones, Banco Interamericano de Desarrollo, etc.).

El SEPBLAC publicó el 15 de marzo de 2016 una guía orientativa relativa al riesgo geográfico y viene a clarificar y dar referencias en cada uno de los puntos del artículo 22.

No hay que perder de vista que la anterior no es una lista cerrada, ya que corresponde al sujeto obligado determinar en sus propias medidas de control interno, consecuencia de su propio análisis, cual es el riesgo que presente el operar con determinados países o con residentes de esos países.

## Jurisdicciones no cooperadoras (octubre 2020)[40]

---

[39] Son publicadas periódicamente cada 4 meses por el GAFI. Pueden consultarse en la web https://www.tesoro.es/prevencion-del-blanqueo-y-movimiento-de-efectivo/legislación/guias-y-orientaciones

[40] La comunicación puede consultarse en el siguiente enlace: https://www.tesoro.es/sites/default/files/publicaciones/comunicacion_sobre_jurisdicciones_de_riesgo_en_bc_y_ft_incluidas_en_listas_gafi_y_ue_octubre_2020.pdf

En octubre de 2020 la Secretaría de la Comisión de Prevención de Blanqueo de Capitales e Infracciones Monetarias publicó una lista de jurisdicciones no cooperadores en la lucha contra el blanqueo de capitales que recoge:

De un lado el listado publicado por GAFI. Estas jurisdicciones son República Popular Democrática de Corea (Corea del Norte), Irán, Albania, Bahamas, Barbados, Botsuana, Camboya, Ghana, Jamaica, Mauricio, Myanmar, Nicaragua, Pakistán, Panamá, Siria, Uganda, Yemen y Zimbabue.

Por su parte, la Comisión europea ha publicado el Reglamento Delegado (UE) 2020/855 de la Comisión, de 7 de mayo de 2020, por el que se actualiza el listado de países de riesgo que identifican los siguientes países de alto riesgo con deficiencias estratégicas: Corea del Norte, Irán, Afganistán, Bahamas, Barbados, Botsuana, Camboya, Ghana, Irak, Jamaica, Mauricio, Mongolia, Myanmar, Nicaragua, Pakistán, Panamá, Siria, Trinidad y Tobago, Uganda, Vanuatu, Yemen y Zimbabue.

## Jurisdicciones que tienen la consideración de paraísos fiscales

Inicialmente esta cuestión se regulaba en el Real Decreto 1080/1991, de 5 de julio, por el que se determinan los países o territorios a que se refieren los artículos 2, apartado 3, número 4, de la Ley 17/1991, de 27 de mayo, de medidas fiscales urgentes, y 62 de la Ley 31/1990, de 27 de diciembre, de Presupuestos Generales del Estado de 1991. Este listado no se preveía como estático, y se debían sacar a aquellos territorios que firmaran con España un convenio para evitar la doble imposición internacional con cláusula de intercambio de información o un acuerdo de intercambio de información en materia tributaria.

El Informe de la Dirección General de Tributos de fecha 23 de diciembre de 2014 señala que, a partir del 1 de enero de 2015, la actualización de la lista no tiene carácter automático, sino que debe realizarse de forma expresa. Por lo que hasta que haya nueva actualización expresa de la lista se incluyen las siguientes jurisdicciones:

Anguilla, Antigua y Barbuda, Bermudas, Emirato del Estado de Bahrein, Fiji, Gibraltar, Granada, Isla de Man, Islas Caimán, Islas Cook, Islas de Guernesey y de Jersey (Islas del Canal), Islas Malvinas, Islas Marianas, Islas Salomón, Islas Turks y Caicos, Islas Vírgenes Británicas, Islas de San Vicente y las Granadinas, Isla Granada, Islas Vírgenes de los EEUU, Macao, Mauricio, Montserrat, Principado de Liechtenstein, Principado de Mónaco, Reino Hachemita de Jordania, Mancomunidad de Dominica, República de Liberia, República de Naurú, República de Seychelles, República de Vanuatu, República Libanesa, Santa Lucía y Sultanato de Brunei.

## 2.Examen especial

Se impone la obligación de examinar con especial atención cualquier operación, independientemente de su cuantía, que por su naturaleza pueda estar aparentemente vinculada al blanqueo de capitales o financiación del terrorismo. En particular, hay que someter a examen especial las operaciones o pautas de comportamiento complejas, inusuales o sin propósito económico o lícito aparente, o que presenten indicios de simulación o fraude, determinadas por el procedimiento interno del sujeto obligado.

El cumplimiento de este deber incluirá la elaboración y difusión entre los directivos, empleados y agentes de una relación de operaciones susceptibles de estar relacionadas con el blanqueo de capitales y financiación del terrorismo, la periódica revisión de esta relación y la utilización de aplicaciones informáticas apropiadas, teniendo en cuenta el tipo de operaciones, sector de negocio, ámbito geográfico y volumen de información. De hecho, los sujetos obligados cuyo número anual de operaciones exceda de 10.000 están obligados a implantar modelos automatizados de generación de alertas a efectos de determinar si procede el examen especial.

Asimismo, se debe establecer un cauce de comunicación con los órganos de control interno, con instrucciones precisas a los directivos, empleados y agentes sobre cómo proceder en caso de detectar hechos u operaciones sospechosas.

Ha de documentarse por escrito el análisis, gestiones realizadas, fuentes de información consultadas y resultados de las investigaciones. Una vez llevado a cabo el examen especial debe acordarse motivadamente la decisión sobre si se comunica o no al SEPBLAC, en función de si se desprenden o no indicios o certeza de blanqueamiento de capitales o financiación del terrorismo. No obstante, previamente se puede someter la decisión al órgano de control interno, que decidirá por mayoría absoluta, y el resultado de la decisión y su motivación deberán quedar por escrito. Deberán documentarse por orden cronológico los exámenes especiales llevados a cabo y conservarse por un plazo de 10 años.

De acuerdo con el artículo 24 del Reglamento, en todo caso deberá realizarse un examen especial de las siguientes situaciones:

- Cuando la naturaleza o el volumen de las operaciones de los clientes no se corresponde con su actividad o antecedentes operativos.

- Cuando una misma cuenta, sin causa que lo justifique, venga siendo abonada mediante ingresos en efectivo por un número elevado de personas o reciba múltiples ingresos en efectivo de la misma persona.

- Movimientos con origen o destino en territorios o países de riesgo, incluyendo los países y territorios "no cooperantes" y los considerados "paraísos fiscales".

- Pluralidad de transferencias realizadas por varios ordenantes a un mismo beneficiario en el exterior o por un único ordenante en el exterior a varios beneficiarios en España, sin que se aprecie relación de negocio entre los intervinientes.

- Las transferencias que reciban o en las que intervengan en las que no se contenga la identidad del ordenante o el número de cuenta de origen de la transferencia.

- Los tipos establecidos por la Comisión de Prevención de Blanqueo de Capitales e Infracciones Monetarias, que serán objeto de publicación o comunicación a los sujetos obligados.

- Operativa con agentes que, por su naturaleza, volumen, cuantía, zona geográfica u otras características de las operaciones, difieran significativamente de las usuales y ordinarias del sector o de las propias del sujeto obligado.

El SEPBLAC en colaboración de asociaciones del sector de los casinos, y con el fin de facilitar a los sujetos obligados el cumplimiento de la obligación de examen especial, ha elaborado un catálogo ejemplificativo de operaciones de riesgo[41], que ofrece una lista con ejemplos de operaciones susceptibles de estar vinculadas con el blanqueo de capitales y financiación del terrorismo. Por tanto, no es una lista taxativa de supuestos sino meramente orientativa. Estas operaciones son susceptibles por tanto de estar vinculadas a actividades de blanqueo de capitales, pero no implican que lo estén necesariamente y por tanto no deben comunicarse por indicio en todo caso al SEPBLAC.

La premisa para la existencia de riesgo es que la operación concreta o el comportamiento observado no resulte coherente con alguno de los siguientes:

- El perfil del cliente, en función de la información de que disponga el casino;

---

[41] Puede ser consultado aquí:

https://www.sepblac.es/wp-content/uploads/2018/03/cor_sector_de_casinos_de_juego.pdf

- El tráfico o actividad usual y razonable del cliente, en función de sus antecedentes operativos;

- Las actividades de juego y compraventa de fichas que son habituales en un casino de juego.

Los riesgos se agrupan en 3 categorías:

❏ Riesgos relacionados con la identificación del cliente

   a. Cliente sobre el que existan dudas de que intenta ingresar al casino o casino online, canjear fichas, recibir certificados de supuestas ganancias o recibir transferencias de supuestas ganancias con nombre falso o aportando datos erróneos.

   b. Cliente que pretenda utilizar una documentación sobre la que la entidad tenga dudas de su regularidad (principalmente pasaporte de países no muy comunes), su veracidad, que haya podido ser manipulada, que incluya una fotografía o una descripción del cliente que no coincida con su apariencia, o que esté caducada.

   c. Jugador que se niega o es incapaz de aportar los documentos o datos personales adicionales que le requiera el casino o casino online para ciertas operaciones.

   d. Jugador que facilita el mismo domicilio o número de teléfono que otro con quien no parezca guardar relación.

   e. Jugador que encontrándose a punto de realizar una operación y al enterarse de que está obligado a mostrar su documento de identificación, decide no completarla o modificar la cuantía de la misma.

f. Jugador con nacionalidad o residente en paraísos fiscales o territorios designados.

g. Jugador de quien se percibe que está siendo dirigido por un tercero, especialmente cuando aparente no tener conocimiento de los detalles concretos del juego u operación de canje que está llevando a cabo.

h. Jugador con antecedentes policiales o penales de conocimiento público general o relacionado con personas sometidas a una prohibición de operar o vinculadas a actividades de financiación del terrorismo.

i. Jugadores sobre los que existan dudas respecto a la identidad con la que operan en su sitio web de juego.

j. Usuarios de una misma dirección online que utilizan varias identidades o cuentas para jugar.

❑ Riesgos relacionados con las características de la operación o el comportamiento del cliente.

a. Jugador que compra una gran cantidad de fichas en efectivo, participa de modo limitado en el juego y solicita el cambio de fichas.

b. Personas que adquieran fichas de juego con billetes en efectivo de baja denominación y, tras una participación en el juego limitada o nula, solicitan el cambio de fichas por billetes de alta denominación.

c. Persona o personas que en solitario o de forma concertada realizan de forma reiterada en el tiempo operaciones de compraventa de fichas por importes inferiores a los umbrales legalmente establecidos o muy cercanos a los mismos (2.000 euros) con objeto de evitar por parte de los casinos el cumplimiento de las obligaciones de identificación o de conservación de documentos.

d. Solicitud de certificados el casino, cheques o transferencias por canje de fichas.

e. Persona que para comprar fichas intenta mezclar moneda verdadera con moneda falsa y presenta los billetes especialmente descolocados para evitar su control o bien pretende entregar billetes muy sucios, húmedos, mohosos o que presentan un olor extraño (como olor a producto químico).

f. Jugador que solicita la transferencia del importe de las fichas o depósitos en cuentas de juego online a cuentas bancarias de terceros, a territorios de riesgo o países con secreto financiero.

g. Jugador que muestra una curiosidad poco común sobre las medidas y procedimientos de control interno contra el blanqueo del establecimiento.

h. Jugador o grupo organizado de jugadores que intenta inducir al empleado del casino para que no cumpla con su obligación de registrar la operación o de abstener de realizarla cuando falten datos de identificación del cliente o de las operaciones.

i. Jugadores que parecen actuar concertadamente para compensar pérdidas y ganancias.

j. Jugadores que pierden reiteradamente a favor de otros jugadores con los que habitualmente juegan.

k. Jugadores que de forma concertada parecen entregar las fichas a uno o más jugadores.

l. Jugadores que realizan grandes apuestas que no guardan relación con su trayectoria en el casino o con su perfil económico.

m. Jugador que compra fichas de juego con dinero efectivo o con otro medio de pago y después de haber jugado (o no) solicita al casino que transfiera el dinero del canje de fichas a otro de los casinos que la cadena posee en otro país con una legislación diferente y más permisiva (y allí o bien retirarlo mediante un cheque que puede ser al portador o cambiarlo y hacer smurfing con las fichas).

n. Operaciones de cambio de moneda en el casino que no corresponden con la operativa de juego del cliente.

o. Apuestas deportivas poco comunes con ganancias en eventos donde la mayoría de las posibilidades indicaban que se va a perder la apuesta, especialmente en eventos ya iniciados.

p. Apuestas deportivas con elevado volumen de dinero sobre eventos de escasa relevancia deportiva.

q. Patrones de apuestas con signos de posibles acuerdos previos sobre el desenlace o el resultado.

❏ Riesgos relacionados con el comportamiento de los empleados.

a. Empleado del casino que exterioriza un nivel de vida superior al que le permitiría su sueldo o circunstancias familiares o que muestra cambios repentinos en su forma de vida.

b. Empleado que muestra incumplimientos reiterados de las normas internas de prevención de blanqueo de capitales (falta de información a superiores, falta de registro de operaciones, etc.).

c. Empleado que muestra inexplicable negativa o resistencia a cambios en sus responsabilidades profesionales, especialmente si son favorables.

d. Empleado que, en comparación con otros del mismo establecimiento y sin que haya ninguna razón aparente que lo justifique, ha tramitado:

o Un número infrecuentemente elevado de operaciones.

o Operaciones de importe inusualmente alto.

o Operaciones con nacionales o residentes de países de riesgo, de forma habitual y sin razón que lo justifique.

o Operaciones con un importe medio muy superior al que realizan los demás empleados.

○ Operaciones que den lugar a un elevado número de transferencias y/o cheques de ganancias.

Reiteramos que este listado es meramente orientativo, por lo que cada operador de juego deberá de basar su examen en su propio análisis de riesgos.

# 3.Declaración de origen y destino de medios de pago

Es obligatorio declarar, con carácter previo, el origen (título o negocio que determina la legítima tenencia de los fondos) y destino (finalidad económico jurídica a la que se han de aplicar los fondos) de los movimientos de moneda metálica, billetes de banco y cheques bancarios al portador o cualquier medio físico, incluidos los electrónicos (no se incluyen los cheques ni las tarjetas nominativas de crédito o débito), susceptible de ser utilizado como medio de pago al portador por importe igual o superior a:

- 10.000 euros por persona y viaje cuando se trata de entradas o salidas del territorio nacional.

- 100.000 euros, en movimientos dentro del territorio nacional.

Hay que tener también en cuenta que la Ley 7/2012 de prevención y lucha contra el fraude introdujo la limitación del pago en efectivo con carácter general de operaciones por importe de 2.500 euros o más si uno de los dos intervinientes es empresario o profesional. Este límite se amplía a 15.000 euros si el pagador no actúa como empresario o profesional y justifica que no tiene su domicilio fiscal en España.

# 4.Colaboración, comunicación de operaciones y abstención de ejecución

Se impone el deber de colaboración de los sujetos con el SEPBLAC a través de las siguientes obligaciones:

- Colaboración. Facilitar de forma completa y diligente la información que requiera el SEPBLAC en el plazo establecido en el requerimiento.

- Comunicación por indicio. Comunicar de forma inmediata cualquier operación o hecho (incluso la tentativa), una vez realizado el examen especial, en relación a la cual exista indicio o certeza de su relación con el blanqueo de capitales y financiación del terrorismo. Debe incluirse la información sobre la decisión adoptada (interrupción o continuación de los negocios con el cliente) y su motivación.

  Las comunicaciones al SEPBLAC se han de efectuar por parte de los órganos de control interno del sujeto obligado, y su contenido debe reunir la siguiente información:

  - Relación e identificación de los sujetos que participan en la operación y el concepto de su participación.

  - Actividad conocida de los mismos y su correspondencia con la operación realizada.

  - Relación de operaciones vinculadas y fechas con indicación de la naturaleza, moneda en la que se realizan, cuantía, lugar de ejecución, finalidad e instrumentos de pago o cobro utilizados.

- o Investigaciones realizadas por el sujeto pasivo.

- o Circunstancias de las que puede inferirse indicio o certeza de la existencia de blanqueo de capitales o financiación del terrorismo, o que pongan de manifiesto la ausencia de justificación económica, profesional o de negocio para la realización de las actividades.

- o Cualquier otro dato relevante exigido por el SEPBLAC.

- Abstenerse de ejecutar las operaciones descritas en el punto anterior, salvo que no sea posible o pueda dificultar la investigación.

- Comunicación sistemática mensual al SEPBLAC de las operaciones detalladas en el artículo 27 del Reglamento. No entramos en detalle puesto que el apartado 3 de dicho artículo excluye de su aplicación a determinados sujetos, entre los que se incluye a los casinos de juego y las personas responsables de la gestión, explotación y comercialización de loterías u otros juegos de azar presenciales o por medios electrónicos, informáticos, telemáticos e interactivos.

## 5.Conservación de documentos

Se establece la obligación de conservar durante un mínimo de 10 años la documentación resultante del cumplimiento de las obligaciones para el sujeto obligado. En particular:

- Original o copia de documentos y registros que acreditan las operaciones, los intervinientes en las mismas y las relaciones de negocio. Los registros deben permitir la reconstrucción de operaciones.

- Las copias de los documentos exigidos en aplicación de las medidas de diligencia debida, incluyendo documentos fehacientes de identificación, declaraciones del cliente, documentación e información aportada por el cliente u obtenida de fuentes fiables independientes, documentación contractual y resultados de cualquier análisis efectuado.

- Los documentos en que se formalice el cumplimiento de las obligaciones de comunicación y de control interno.

El cómputo de los 10 años se inicia el día en que finaliza la relación de negocios o la ejecución de la operación. Salvo algunas excepciones se exige la conservación de las copias de los documentos fehacientes de identificación en soportes ópticos, magnéticos y electrónicos.

# 6.Adoptar medidas de control interno

Salvo algunas excepciones, se exigen las siguientes obligaciones de control interno:

- Aprobar por escrito y aplicar políticas y procedimientos de control interno de prevención del blanqueo de capitales y de la financiación del terrorismo.

- Documentar un análisis previo de riesgo para fundamentar las políticas y procedimientos.

- Crear órganos de control interno y designar un representante frente al SEPBLAC.

- Establecer un manual de prevención.

- Someter los procedimientos a examen de experto externo.

- Aprobar un plan de formación del personal.

Las analizamos a continuación:

A. Aprobar por escrito y aplicar políticas y procedimientos de control interno de prevención de blanqueo de capitales y financiación del terrorismo.

   Debe definirse la política de admisión de clientes, identificando aquellos que presentan un especial riesgo o riesgo superior al promedio, y la política de contratación de empleados, directivos y agentes, para asegurar los altos estándares éticos.

   Los procedimientos de control interno deben ser adecuados para cumplir con las obligaciones del sujeto obligado, como una comunicación interna (por ejemplo con la red comercial) y comunicación con el la Unidad de Inteligencia Financiera correspondiente de forma rápida, segura, eficaz y coordinada, agregar operaciones realizadas para detectar potenciales operaciones conectadas, detectar cambios de comportamiento operativo de los clientes o inconsistencias con su perfil, los mecanismos específicos de seguimiento y control de los agentes, etc. Hay que tener en cuenta que estos procedimientos son de aplicación también a las sucursales y filiales y a otras formas de operación en un país (cómo la operación a través de agentes o la libre prestación), por lo que todas estas fórmulas deben respetar la legislación de prevención de blanqueo del país de acogida.[42]

Se debe establecer un procedimiento interno de comunicación (*"whistleblowing"*) para que los empleados, directivos y agentes puedan comunicar internamente, y si quieren de forma anónima, información relevante sobre posibles infracciones de la normativa de prevención de blanqueo de capitales y de sus procedimientos.

Los procedimientos deben ser aprobados por el órgano de administración del sujeto. También pueden ser aprobados por el mismo órgano de control interno para aquellos casos de sujetos que superen los 50 millones de euros de cifra de negocio anuales o 43 millones de euros de balance general anuales.

B. Documentar un previo análisis de riesgo que fundamente las políticas y los procedimientos de control interno. Debe por tanto ser previo al lanzamiento de un nuevo producto o servicio o al empleo de un nuevo canal de distribución o nueva tecnología.

Este análisis debe ser revisado periódicamente y en todo caso cuando exista un cambio significativo que pudiera influir en su perfil de riesgo. Este análisis debe identificar y evaluar los riesgos del sujeto obligado en atención a tipos de clientes, países o áreas geográficas; productos, servicios operaciones;

---

[42] Para más información puede analizarse la Sentencia del Tribunal de Justicia de la Unión Europea de 25 de abril de 2013, en la que se concluía que la Unidad de Inteligencia Financiera de España podría requerir información a una entidad bancaria de Gibraltar que operaba en España en régimen de libre prestación.

canales de distribución, propósito de la relación de negocios, nivel de activos del cliente, volumen de las operaciones, regularidad o duración de la relación de negocios.

C. Crear un órgano de control interno, una unidad técnica y designar un representante frente al SEPBLAC.

El órgano de control interno es responsable de aplicar los procedimientos en materia de diligencia debida, información, conservación de documentos, control interno, evaluación y gestión de riesgos, garantías de cumplimiento de la normativa y comunicación.

El órgano de control interno debe contar con representación de las distintas áreas de negocio y debe operar con separación funcional del departamento o unidad de auditoría interna del sujeto obligado.

La unidad técnica se encarga del tratamiento y análisis de la información con personal especializado y adecuadamente formado, así como dedicación exclusiva.

Debe designarse un representante frente al SEPBLAC[43], que será el encargado de cumplir con las obligaciones de información y comparecer en toda clase de procedimientos administrativos o judiciales en relación a la información comunicada. El representante debe ejercer un cargo de administración o dirección (salvo que la sede central se

---

[43] La comunicación del representante se realiza mediante la cumplimentación del formulario F22 disponible en www.sepblac.es

encuentre en otro país, en cuyo caso se designe un "punto central de contacto") y ser residente en España (salvo que el sujeto obligado opere en régimen de libre prestación). El representante puede a su vez designar a dos personas autorizadas [44] para actuar en su nombre en caso de indisponibilidad del representante.

D. Establecer un manual de prevención.

Debe mantenerse actualizado con la información completa sobre las medidas de control interno y a disposición del SEPBLAC, que puede formular requerimiento para corregirlo. Debe contener al menos:

a) La política de admisión de clientes del sujeto obligado, con una descripción precisa de los clientes que potencialmente puedan suponer un riesgo superior al promedio por disposición normativa o porque así se desprenda del análisis de riesgo, y de las medidas a adoptar para mitigarlo, incluida, en su caso, la negativa a establecer relaciones de negocio o a ejecutar operaciones o la terminación de la relación de negocios.

b) Un procedimiento estructurado de diligencia debida que incluirá la periódica actualización de la documentación e información exigibles. La actualización será, en todo caso, preceptiva cuando se verifique un cambio relevante en la actividad del cliente que pudiera influir en su perfil de riesgo.

---

[44] La comunicación de las personas autorizadas se realiza mediante cumplimentación del formulario F22-6 disponible en www.sepblac.es

c) Un procedimiento estructurado de aplicación de las medidas de diligencia debida a los clientes existentes en función del riesgo que tendrá en cuenta, en su caso, las medidas aplicadas previamente y la adecuación de los datos obtenidos.

d) Una relación de hechos u operaciones que, por su naturaleza, puedan estar relacionados con el blanqueo de capitales o la financiación del terrorismo, estableciendo su periódica revisión y difusión entre los directivos, empleados y agentes del sujeto obligado.

e) Una descripción detallada de los flujos internos de información, con instrucciones precisas a los directivos, empleados y agentes del sujeto obligado sobre cómo proceder en relación con los hechos u operaciones que, por su naturaleza, puedan estar relacionados con el blanqueo de capitales o la financiación del terrorismo.

f) Un procedimiento para la detección de hechos u operaciones sujetos a examen especial, con descripción de las herramientas o aplicaciones informáticas implantadas y de las alertas establecidas.

g) Un procedimiento estructurado de examen especial que concretará de forma precisa las fases del proceso de análisis y las fuentes de información a emplear, formalizando por escrito el resultado del examen y las decisiones adoptadas.

h) Una descripción detallada del funcionamiento de los órganos de control interno, que incluirá su composición, competencias y periodicidad de sus reuniones.

i) Las medidas para asegurar el conocimiento de los procedimientos de control interno por parte de los directivos, empleados y agentes del sujeto obligado, incluida su periódica difusión y la realización de acciones formativas de conformidad con un plan anual.

j) Las medidas a adoptar para verificar el cumplimiento de los procedimientos de control interno por parte de los directivos, empleados y agentes del sujeto obligado.

k) Los requisitos y criterios de contratación de agentes, que deberán obedecer a estándares éticos.

l) Las medidas a adoptar para asegurarse de que los corresponsales del sujeto obligado aplican procedimientos adecuados de prevención del blanqueo de capitales y de la financiación del terrorismo.

m) Un procedimiento de verificación periódica de la adecuación y eficacia de las medidas de control interno. En los sujetos obligados que dispongan de departamento de auditoría interna corresponderá a éste dicha función de verificación.

n) La periódica actualización de las medidas de control interno, a la luz de los desarrollos observados en el sector y del análisis del perfil de negocio y operativa del sujeto obligado.

ñ) Un procedimiento de conservación de documentos que garantice su adecuada gestión e inmediata disponibilidad.

E. Someter los procedimientos a examen anual por parte de un experto externo.

El experto emitirá un informe en el que describirá detalladamente las medidas de control interno existentes, valorará su eficacia operativa y propondrá, en su caso, eventuales rectificaciones o mejoras. El alcance y contenido del mismo se encuentra detallado por la Orden Ministerial EHA/2444/2007, de 31 de julio.

El experto externo no puede haber prestado servicios a la entidad durante los 2 años anteriores. Deberá elevar su informe al Consejo de Administración, que deberá ejecutar sin dilación un plan de remedio en un calendario preciso para implementar las medidas correctoras

F. Aprobar un plan de formación personal.

Se ha de aprobar con carácter anual por parte del órgano de control interno un plan de formación para que los empleados conozcan las exigencias legales en materia de prevención de blanqueo de capitales y de financiación de terrorismo, y el modo de proceder exigible.

El plan de formación debe fundamentarse en el previo análisis de riesgo y prever acciones formativas específicas para directivos, empleados y agentes.

## 7.Obligaciones de confidencialidad, protección e idoneidad.

Asimismo, los sujetos obligados deberán guardar confidencialidad, no revelando al cliente ni a terceros la comunicación de la información al SEPBLAC o el hecho de que se esté examinando operaciones que pudieran estar vinculadas al blanqueo de capitales. También deben adoptar las medidas adecuadas para mantener la confidencialidad sobre la identidad de los empleados que hayan realizado la comunicación a los órganos de control interno.

## Régimen especial-simplificado de las loterías y otros juegos de azar

En atención al artículo 43 del Real Decreto 304/2014 de 5 de mayo, los operadores que gestionen, exploten o comercialicen loterías u otros juegos de azar establecerán procedimientos adecuados de control interno en relación con las operaciones de pago de premios, que en todo caso preverán:

a) Un manual de procedimientos donde se incluirá como mínimo:

1º La identificación de los ganadores de premios por importe igual o superior a 2.500 euros, sin perjuicio de lo que, a efectos de identificación de jugadores dispone la LRJ y en su normativa de desarrollo, así como las normativas equivalentes de las Comunidades Autónomas.

2º Una relación de operaciones de riesgo, prestando particular atención al cobro repetitivo de premios.

3º Un procedimiento para la detección de hechos u operaciones sujetos a examen especial, con descripción de las herramientas o aplicaciones informáticas implantadas y de las alertas establecidas.

4º Un procedimiento estructurado de examen especial que concretará de forma precisa las fases del proceso de análisis y las fuentes de información a emplear, formalizando por escrito el resultado del examen y las decisiones adoptadas.

b) El nombramiento de un representante ante el Servicio Ejecutivo de la Comisión.

c) Un plan anual de acciones formativas de los empleados.

Las medidas de control interno establecidas serán objeto de examen externo.

# Régimen sancionador en materia de prevención de blanqueo de capitales

En este apartado desarrollamos las sanciones que están previstas ante conductas constitutivas de incumplimientos de las obligaciones exigidas legalmente, y ello sin perjuicio de las sanciones de carácter penal.

## Infracciones y sanciones muy graves.

1. El incumplimiento del deber de comunicación cuando algún directivo o empleado del sujeto obligado hubiera puesto de manifiesto internamente la existencia de indicios o la certeza de que un hecho u operación estaba relacionado con el blanqueo de capitales o la financiación del terrorismo.

2. El incumplimiento de la obligación de colaboración cuando medie requerimiento escrito de la Comisión de Prevención del Blanqueo de Capitales e Infracciones Monetarias.

3. El incumplimiento de la prohibición de revelación o del deber de confidencialidad.

4. La resistencia u obstrucción a la labor inspectora, siempre que medie requerimiento del personal actuante expreso y por escrito al respecto.

5. El incumplimiento de la obligación de adoptar las medidas correctoras comunicadas por requerimiento del Comité Permanente cuando concurra una voluntad deliberadamente rebelde al cumplimiento.

6. La comisión de una infracción grave cuando durante los cinco años anteriores hubiera sido impuesta al sujeto obligado sanción firme en vía administrativa por el mismo tipo de infracción.

7. El incumplimiento de las medidas de suspensión acordadas por el SEPBLAC.

8. El incumplimiento doloso de la obligación de congelar o bloquear los fondos, activos financieros o recursos económicos de personas físicas o jurídicas, entidades o grupos designados.

9. El incumplimiento doloso de la prohibición de poner fondos, activos financieros o recursos económicos a disposición de personas físicas o jurídicas, entidades o grupos designados.

Las infracciones muy graves prescribirán a los 5 años, y le son aplicables las siguientes sanciones:

A la entidad infractora:

- Multa de entre 150.000 euros y la mayor de las siguientes cifras:

  - el 10% del volumen de negocios anual total.

  - el duplo del contenido económico de la operación.

  - el quíntuplo de los beneficios derivados de la infracción.

  - 10.000.000 euros.

- Amonestación pública y/o suspensión temporal o revocación de la licencia.

A los cargos de administración o dirección que fueran responsables de la infracción:

- Multa a cada uno de ellos por importe de entre 60.000 y 10.000.000 euros.
- Amonestación pública y/o separación del cargo, con inhabilitación para ejercer cargos de administración o dirección en cualquier entidad de las sujetas a esta ley por un plazo máximo de 10 años.

## Infracciones y sanciones graves.

1. El incumplimiento de obligaciones de *due diligence* a clientes existentes o nuevos (identificación formal, identificación del titular real, obtener información sobre el propósito e índole de la relación de negocios, y aplicar medidas de seguimiento continuo a la relación de negocios).

2. El incumplimiento de la obligación de aplicar medidas reforzadas de diligencia debida.

3. El incumplimiento de la obligación de examen especial.

4. El incumplimiento de la obligación de comunicación por indicio cuando no deba calificarse como infracción muy grave.

5. El incumplimiento de la obligación de abstención de ejecución

6. El incumplimiento de la obligación de comunicación sistemática.

7. El incumplimiento de la obligación de colaboración cuando medie requerimiento escrito de uno de los órganos de apoyo de

la Comisión de Prevención del Blanqueo de Capitales e Infracciones Monetarias.

8. El incumplimiento de la obligación de conservación de documentos.

9. El incumplimiento de la obligación de aprobar por escrito y aplicar políticas y procedimientos adecuados de control interno, incluida la aprobación por escrito y aplicación de una política expresa de admisión de clientes.

10. El incumplimiento de la obligación de comunicar al SEPBLAC la propuesta de nombramiento del representante del sujeto obligado, o la negativa a atender los reparos u observaciones formulados.

11. El incumplimiento de la obligación de establecer órganos adecuados de control interno, con inclusión, en su caso, de las unidades técnicas.

12. El incumplimiento de la obligación de dotar al representante ante el SEPBLAC y al órgano de control interno de los recursos materiales, humanos y técnicos necesarios para el ejercicio de sus funciones.

13. El incumplimiento de la obligación de aprobar y mantener a disposición del SEPBLAC un manual adecuado y actualizado de prevención del blanqueo de capitales y de la financiación del terrorismo.

14. El incumplimiento de la obligación de examen externo.

15. El incumplimiento de la obligación de formación de empleados.

16. El incumplimiento de la obligación de adoptar por parte del sujeto obligado las medidas adecuadas para mantener la confidencialidad sobre la identidad de los empleados, directivos o agentes que hayan realizado una comunicación a los órganos de control interno.

17. El incumplimiento de la obligación de aplicar respecto de las sucursales y filiales con participación mayoritaria situadas en terceros países las medidas de prevención de blanqueo de capitales y financiación del terrorismo al menos equivalentes a las establecidas por el derecho comunitario.

18. El incumplimiento de la obligación de aplicar sanciones o contramedidas financieras internacionales.

19. El incumplimiento de la obligación de declarar la apertura o cancelación de cuentas corrientes, cuentas de ahorro, cuentas de valores y depósitos a plazo.

20. El incumplimiento de la obligación de adoptar las medidas correctoras comunicadas por requerimiento del Comité Permanente cuando no concurra una voluntad deliberadamente rebelde al cumplimiento.

21. El establecimiento o mantenimiento de relaciones de negocio o la ejecución de operaciones prohibidas.

22. La resistencia u obstrucción a la labor inspectora cuando no haya mediado requerimiento del personal actuante expreso y por escrito al respecto.

23. El incumplimiento de la obligación de declaración de movimientos de medios de pago.

24. El incumplimiento por fundaciones o asociaciones de las obligaciones de identificación y conservación de la documentación.

25. El incumplimiento de las obligaciones relativas al envío de dinero, salvo que deba calificarse como muy grave.

26. El incumplimiento de la obligación de congelar o bloquear los fondos, activos financieros o recursos económicos de personas físicas o jurídicas, entidades o grupos designados, cuando no deba calificarse como infracción muy grave.

27. El incumplimiento de la prohibición de poner fondos, activos financieros o recursos económicos a disposición de personas físicas o jurídicas, entidades o grupos designados, cuando no deba calificarse como infracción muy grave.

28. El incumplimiento de las obligaciones de comunicación e información a las autoridades competentes establecidas específicamente en los Reglamentos comunitarios.

29. El incumplimiento de las obligaciones de los prestadores de servicios de pago.

Las infracciones muy graves prescribirán a los 5 años, y le son aplicables las siguientes sanciones:

A la entidad infractora:

- Multa de entre 60.000 euros y la mayor de las siguientes cifras:

  - el 10% del volumen de negocios anual total.

- el 150% del contenido económico de la operación.

- el triple del importe de los beneficios derivados de la infracción.

- 5.000.000 euros.

- Amonestación pública, amonestación privada y/o suspensión temporal de la licencia.

A los cargos de administración o dirección, o al experto externo que fueran responsables de la infracción:

- Multa a cada uno de ellos por importe de entre 3.000 y 5.000.000 euros.
- Amonestación pública o privada, y/o separación del cargo, con inhabilitación para ejercer cargos de administración o dirección en cualquier entidad de las sujetas a esta ley por un plazo máximo de 5 años.

## Infracciones y sanciones leves

1. El incumplimiento de las obligaciones establecidas en la Ley 10/2010 que no constituyan infracción muy grave o grave.
2. Los siguientes incumplimientos cuando deban considerarse como meramente ocasionales o aislados a la vista del porcentaje de incidencias de la muestra de cumplimiento, salvo que concurran indicios o certeza de blanqueo de capitales o financiación del terrorismo:

   a. El incumplimiento de obligaciones de *due diligence* a clientes existentes o nuevos (identificación formal, identificación del titular real, obtener información sobre el propósito e índole de la relación de negocios, aplicar medidas de seguimiento continuo a la relación de negocios).

b. El incumplimiento de la obligación de aplicar medidas reforzadas de diligencia debida.

c. El incumplimiento de la obligación de comunicación por indicio cuando no deba calificarse como infracción muy grave.

Las infracciones leves prescribirán a los 2 años, y le son aplicables las siguientes sanciones:

A la entidad infractora o a los cargos de administración o dirección que fueran responsables de la administración:

- Multa de hasta 60.000 euros
- Amonestación privada.

## Graduación de sanciones

Se atenderá a las siguientes circunstancias de graduación de la sanción del sujeto obligado:

- La cuantía de las operaciones afectadas por el incumplimiento.
- Los beneficios obtenidos como consecuencia de la infracción.
- La subsanación de la infracción por propia iniciativa.

- Las sanciones firmes en vía administrativa por infracciones de distinto tipo impuestas en los últimos 5 años con arreglo a la ley 10/2010.

- El grado de responsabilidad o intencionalidad en los hechos que concurra en el sujeto obligado.

- La gravedad y duración de la infracción.

- Las pérdidas para terceros causadas por el incumplimiento.

- La capacidad económica del inculpado, cuando la sanción sea de multa.

- El nivel de cooperación del inculpado con las autoridades competentes.

A de tenerse en cuenta que la ley establece expresamente que se graduará la sanción para que la comisión de la infracción no resulte más beneficiosa para el infractor que el cumplimiento de las normas infringidas.

Se atenderá a las siguientes circunstancias de graduación de los cargos de administración o dirección:

- El grado de responsabilidad o intencionalidad en los hechos que concurra en el sujeto obligado.

- La conducta anterior en relación a las exigencias de la ley 10/2010 (ya sea en la misma u otra entidad).

- El carácter de representación que el interesado ostente.

- La capacidad económica, si la sanción es pecuniaria.

- Los beneficios obtenidos como consecuencia de la infracción.

- Las pérdidas para terceros causadas por el incumplimiento.

- El nivel de cooperación del inculpado con las autoridades competentes.

Conforme a lo establecido en el artículo 61.6 de la Ley 10/2010, se ha publicado en la web del Tesoro Público[45] un listado de las sanciones firmes en vía administrativa. En el mismo figura una única sanción, y de tipo leve, impuesta a una entidad de juego online. La sanción consistió en multa de 10.000 euros y amonestación privada como consecuencia de la infracción leve de incumplir la obligación de comunicar en plazo las medidas correctoras requeridas por el Comité Permanente del SEPBLAC.

---

[45]
https://www.tesoro.es/sites/default/files/sanciones_y_requerimientos_por_infracciones_pb c-ft_2018_2019_.pdf

***